白球　夢を追う

みやぎ・野球人の軌跡

はじめに

事のきっかけは居酒屋での野球談議だった。「日本の球界で大リーガーを続々輩出している宮城は、注目の的じゃないか」「プロ野球も同様だな。地元・東北楽天以外の球団でも注目を集める選手は数多くなった」「高校野球じゃ悲願の甲子園制覇に3度もあと一歩と迫っているしね」――。話題は大リーグからプロ野球、高校、大学を経て社会人野球にまで及んだ。

グラスを傾ける相手は元野球少年や高校球児、そして新聞の紙面づくりの中で白球を追ったかつての仲間たちだ。会話はそれぞれの世代の名プレーヤーや記憶に残る選手、胸を熱くした名勝負へと広がり、ボルテージが上がる。しばらく自称「野球通」たちの知識披露が続いた後、そのうちの一人が問い掛けた。「ところで宮城ゆかりのプロ野球選手って何人いるんだ」。隣の仲間が「プロなら追跡可能かもしれない。プロ、アマを問わず球界を退いた伝説のプレーヤーのその後なども知りたいね」と受ける。続けて「問題は誰がどう調べるかだ。そんなデータがあればだが……」とも。酒席での気楽な野球談議はそこまでだった。

本書で紹介するのは、いわば筆者の野球観や独断で選んだ「野球人」であり、エピソードだ。陰りが見えてきたと言われながらも、まだまだファン層が分厚く、語らせれば百人百様の野球界だけに異論はあろうが、それぞれの世代の「みやぎの野球」を思い出しながら、いい夢見につながる「睡眠導入剤」感覚でページを繰っていただければと思っている。

目次

第三章　仙台六大学リーグ

第四章　東京六大学リーグ

第五章　高校野球選手編

第六章　高校野球指導者編

第七章　社会人野球

第一章　大リーグ

野球人にとって、ベースボール発祥の地・米国の大リーグトップチームが所属するメジャーリーグ（MLB）はあこがれの舞台。その夢をかなえた日本のプレーヤーはこの半世紀で約50人に上る。このうち宮城県ゆかりの選手は佐々木主浩、斎藤隆、ダルビッシュ有の3人。いずれも投手として海を渡った。

ボストン・レッドソックスの本拠地、フェンウェイ・パーク

名ストッパー「大魔神」

佐々木主浩投手

宮城勢のトップを切ってメジャー入りを果たしたのは、日米の球界を通じて「大魔神」の愛称で名ストッパー役を演じた**佐々木主浩投手**（仙台市出身、東北高―東北福祉大出）だった。

佐々木は東北高2年生の夏からエースとしてマウンドに立ち、3季連続で甲子園に出場、3年生の春と夏はチームをベスト8に導いた。東北福祉大では1年生時に仙台六大学野球リーグ戦に出場し、実力は並み居る同大学投手陣の中でも抜きん出ていた。ところが、同年秋に持病の椎間板ヘルニアが再発し、2年生時は治療などのため試合には出場できなかった。

復帰したのは3年生になってからだ。4年生の春季リーグ対仙台大戦ではノーヒットノーランを達成している。大学の通算成績は11勝0敗、防御率0・39。1989（平成元）年秋のドラフト会議で大洋（現・DeNA）から**野茂英雄投手**（大阪・成城工高―新日鉄堺―近鉄―米大リーグ）の外れ1位で指名され、入団を決めた。

プロ1年目の90年は先発を中心に16試合に登板し、2勝4敗2セーブと地味な成績に終わった。佐々木が頭角を現したのは2年目の91年途中から。故障で離脱した**遠藤一彦投手**（福島・学法石川高出）の後継としてストッパーに抜擢された。

今も語り草になっているのは、91年8月28日の対広島戦での投球。佐々木は2―2で迎えた八回に登板、延長十二回まで4イニング3分の1を投げて勝利投手になったが、圧巻だったのは九回で、広島打線を3者連続3球三振に打ち取る快投を演じた。佐々木はこの投球について、後に自著で「ストッパーになった当初は不安だったが、あの投球で本当に自分自身に自信を持ちました」と、ストッパー役として生きる決断をさせたことを明らかにしている。

佐々木は同年、58試合に登板し、大学時代に習得したという右腕から投げ下ろす落差の大きなフォークボールを武器に、137の三振を奪って17セーブ（6勝9敗）を挙げた。これをきっかけにストッパーに定着した佐々木は、マスコミが付けた「大魔神」の愛称でリードした試合の終盤に登板、得意のフォークボールで強打者を次々に打ち取り、相手の反撃を完ぺきに抑えた。98年には51試合に登板して当時のプロ野球記録となる45セーブを挙げ、38年ぶりとなる横浜のリーグ制覇と日本一に貢献、最優秀選手賞のほか、リリーフ投手として初の正力松太郎賞、さらには日本プロスポーツ大賞も受賞した。

大活躍の佐々木だったが、翌99年のシーズン途中で右肘を手術したことから、一転して投手生命の危機さえささやかれる窮地に追い込まれた。しかし、佐々木はそれを跳ね返すかのように同年秋に米大リーグ入りを表明し、フリーエージェント（ＦＡ）権を行使してシアトル・マリナーズに移籍した。

「力と力の勝負をしたかった」。大リーグ挑戦の決断通り、佐々木は初シーズンの２０００年からクローザーとしてマウンドに立ち、メジャーの強打者と真っ向勝負した。結果は10本のホームランは打たれたものの、63試合に登板して当時のメジャー新人記録となる37セーブを挙げ、アメリカン・リーグ新人王に選ばれた。

２年目は、４月にメジャー月間最多記録となる13セーブを挙げる好調な滑り出しを見せ、オールスターゲームにも選出された。シーズン終盤に右太ももを痛めて調子を崩したが、それでも69試合に登板してリーグ２位の45セーブを挙げ、「ＤＡＩＭＡＪＩＮ」をメジャーのファンの目に焼き付けた。活躍は３年目も続き、６月26日のアスレチック戦で史上最速のメジャー通算１６０試合目で通算１００セーブを達成するなど、61試合に登板し、37セーブをマークした。

転機が訪れたのは４年目の03年。佐々木は腰を痛めるなどして故障者リスト入りし、満足な成績を残せなかった。さらに、シーズン終了と同時に「日本で家族と一緒に生活したい」と、マリナーズとの残る１年の契約を破棄して退団した。帰国後の佐々木は04年に横浜に復帰したが最盛期の球威はなく、05年のシーズン終了と同時に現役を引退した。

ＭＬＢ４年間の通算成績は２２８試合、７勝16敗１２９セーブ、２４２奪三振、防御率３・

14。日本プロ野球の通算成績は439試合、43勝38敗252セーブ、851奪三振、防御率2・41だった。

日米を通じストッパー役に徹した佐々木は、16年間のプロ野球人生を振り返り「私の性格は長いイニングを高い集中力で投げる先発投手には向いていないのです。それを見抜き、抑えに起用したのは**須藤豊さん**（佐々木がストッパーに転向した当時の大洋監督）でした。今あるのはまさに須藤さんのお陰で、深く感謝しています」と自著などに記している。ストッパーは、まさに佐々木の天職だった。

現役引退後の佐々木はプロ野球の解説者・評論家のほかにテレビタレントとしても活躍しているが、マウンドに立ちはだかり、「二階から投げ下ろすフォーク」で強打者を翻弄した雄姿は、ファンの記憶から消えることはないだろう。佐々木は誕生日が1968（昭和43）年2月22日だったことで、日米を通じての背番号を「22」とした。主浩は「かずひろ」でなく「かづひろ」。

不惑の大リーガー

斎藤　隆投手

斎藤隆投手（仙台市出身、東北高―東北福祉大出）がメジャーに挑戦したのは、**佐々木主浩投手**が現役を引退した年齢と同じ36歳時だった。36歳はプロの野球選手として高齢だが、斎藤のすごさは不惑の40歳を過ぎてもなお、現役投手としてメジャーで活躍していることだ。

経歴をたどると、斎藤は2歳年上の佐々木の後ろ姿を追うように野球人生を歩んできた。東北高から東北福祉大、プロ野球の大洋、そしてメジャーリーグ。異なるのは初めから投手ではなかったことだ。

高校時代は一塁を守り、3年生の夏に甲子園に出場した。投手に転向したのは東北福祉大2年時で、4年生の1991（平成3）年には、同大が全日本大学野球選手権大会で初優勝を果たしている。斎藤は大学で通算15勝3敗、防御率1・42の成績を残し、同年秋のドラフト会議で大洋から1位指名されて入団した。

プロ入り後の斎藤は、2年目の93年から先発ローテーション入りし、96年に206の三振を奪って最多奪三振のタイトルを獲得した。97年は右肘の手術とリハビリのため戦列を離れたが、98年に復帰してチームの38年ぶりのリーグ制覇と、日本一に貢献した。自身も13勝5敗1セーブの好成績でリーグのカムバック賞を受け、日本シリーズでは優秀選手に選ばれた。

2001、02年は大リーグに移籍した佐々木の代役としてストッパーに起用され、2シーズンで89試合に登板し、47セーブを挙げた。03年から再び先発に戻ったものの、度重なる故障などで思うような成績を残せず、05年までの3年間の勝利数は11という寂しさだった。それでも斎藤は05年秋に、「一度でもいいからメジャーで投げてみたい」と家族の反対を押し切り、自由契約選手になってまで大リーグへの挑戦を表明した。

「度重なる故障に加え、36歳の高齢」。そんな斎藤に興味を持つ米球団はなかった。やむなく斎藤は06年春、ロサンゼルス・ドジャースとマイナー契約を結び、招待選手としてキャンプに参加した。実質13年に及ぶ日本のプロ野球で339試合に登板、87勝80敗48セーブ、1284奪三振、防御率3・80の成績を挙げた斎藤だったが、渡米1年目の大リーグ開幕戦はスタンドからの観戦というわびしさだった。

その斎藤に幸運は意外に早く巡って来た。メジャーチームのクローザーだった**ガニエ投手**が4月初めに故障者リスト入りし、その入れ替えで急きょメジャーに昇格した。斎藤はこのチャンスを生かし、セットアッパーやクローザーとしてチーム最多の72試合に登板、リリーフ投手として両リーグ最多の１０７の三振を奪い、６勝２敗24セーブの成績を残した。

翌07年の斎藤は開幕からクローザーとして起用され、６月26日のダイヤモンドバックス戦では日本人メジャー最速の99マイル（約１５９キロ）をマークするなど絶好調だった。シーズン前半に23セーブを挙げ、監督推薦でオールスターゲームにも初出場した。斎藤は後半もペースを維持し、シーズン通算63試合に登板、１・40というリーグのリリーフ投手でベスト防御率を記録、セーブもリーグ３位の39に達した。08年の前半はそれなりの成績を残した斎藤だったが、後半は右肘を痛めて故障者リスト入り。シーズン終盤の９月に復帰したものの、思うような成績を残せなかったことから、暮れの再契約交渉はまとまらず、結局、３年間在籍したドジャースを離れた。

その後の斎藤は、レッドソックス（ボストン）―ブレーブス（アトランタ）―ブルワーズ（ミルウォーキー）に1年ずつ在籍し、セットアッパーやクローザーとして登板した。レッドソックスでの09年は、６月11日に日米通算１００勝１００セーブをマークし、ブレーブスでの10年には日本人メジャー投手としては初となる40代でのセーブを達成している。

ブルワーズに移籍直後の11年３月11日、東日本大震災で故郷が大きな被害を受けた。斎藤は「多くの人が亡くなり苦しんでいる時に、野球などしていていいのだろうか」と悩んだ。しかし、「俺が大リーグで頑張ることが、被災者への励ましになる」と思い直し、後半戦だけでも25試合に登板して好投、チームの29年ぶりの地区優勝に貢献した。

右投げ左打ちの斎藤投手の持ち味は、直球と切れの鋭いスライダー、それにツーシーム、カーブを交え、打者のタイミングを外して打ち取る投球だ。特筆すべきなのは、年齢を重ねてもストレートの球速が衰えないこと。40代になっても１４０キロ台後半から１５０キロ台前半の速球を投げ込んでいる。11年シーズン終了時のＭＬＢ通算成績は３２２試合、21勝15敗84セーブ38ホールド、３８９奪三振、防御率２・18。

42歳を迎えた12年のシーズンはアリゾナのダイヤモンドバックスに移籍し、春のキャンプでは、新たな持ち球としてチェンジアップの習得にも挑戦した。「年齢のことは気にしたくない。例外なく、いろいろなことにチャレンジしたい」と斎藤。東日本大震災から1年経った同シーズンを前に「野球を通じて感じてもらえるものがあると信じたい。一球一球に思いを込めて投げたい」と語っている。

※斎藤は13年シーズン、東北楽天に移籍した。

6年の総年俸46億円でメジャー入り

ダルビッシュ有投手

「最高の投手、打者と勝負できることがうれしい。世界一の投手になりたい」。テキサス・レンジャーズへの入団が決まった2012（平成24）年1月、**斎藤隆投手**の16歳下で、東北高の後輩でもある**ダルビッシュ有投手**（大阪府羽曳野市出身、東北高出）は、米国と日本でそれぞれ行われた記者会見でこう言い切った。加えて「日本選手の米国での評価が落ちている。それを取り戻したい」とも。

レンジャーズへの入団がまとまったのは独占交渉期限が切れる3分前という際どさだった。契約年数に対する両者の認識の違いが主因だったようで、最終的には契約年数6年、年俸総額6000万ドル（約46億円）で合意した。この年俸総額は、06年にレッドソックスと6年契約で入団した**松坂大輔投手**（横浜高―西武）の5200万ドルを上回り、ポスティングシステム（入札制度）でメジャー入りした日本選手の最高額。また入札制度による落札価格の5170万ドル（約40億円）は大リーグ史上最高額だった。

父親がイラン人、母親が日本人のダルビッシュは出身こそ関西地区だが、本格的に野球に取り組み、素質を開花させたのは宮城だった。02年春に東北高に入学し、1年生の秋からエースとしてマウンドに立った。以後、195センチの長身から投げ下ろす150キロ前後の速球を武器に、春夏通算で4度甲子園に出場しているが、最も光り輝いたのは2年生の夏だ。10年ぶり18度目の夏の甲子園（第85回全国高校野球選手権大会）出場を果たした東北高は、初めて決勝へ進出した。ダルビッシュは準決勝を除く5試合に先発、あるいは抑えとして登板し、3回戦の平安高（京都）戦では延長11回を1人で投げ切って、1―0でサヨナラ勝ちした。

決勝は、01年春の選抜高校野球大会で初優勝するなど、知将・**木内幸男監督**（この大会を最後に勇退）が率いる強豪・常総学院高（茨城）と対戦した。東北高の先発はもちろんダルビッシュ。東北高は二回に2点先取したが、ダルビッシュが四回に連続長打を浴びて3点を取られ逆転された。さらに八回には守備のミスなどから1点を追加され、結局2―4で敗退。宮城勢初の全国制覇は成らなかった。

ダルビッシュが3年生の04年、東北高は前年の甲子園準優勝メンバーの大半が残っていたことから春、夏ともに優勝候補の筆頭に挙げられた。そして迎えた春の選抜大会。ダルビッシュは1回戦の熊本工高（熊本）戦で相手打線をノーヒットノーランに抑える好投で幸先の良いスタートを切った。2回戦の大阪桐蔭高（大阪）戦はダルビッシュ―**真壁賢守**（東北福祉大―ホンダ）の継投で逃げ切り、3―2で辛勝したが、ダルビッシュが登板しなかった準々決勝で、東北高は済美高（愛媛、この大会で初優勝）に逆転サヨナラ負けを喫した。夏の甲子園も東北高は、3回戦で千葉経済大付高（千葉）に延長10回の熱戦の末1―3で敗れ、大優勝旗を手にできなかった。

同年秋のドラフト会議で1位指名を受け、日本ハムに入団したダルビッシュ。プロ1年目は5勝止まりだったが、2年目には早くも2ケタの12勝を挙げてチームの日本一に貢献し、優秀選手賞に輝いた。3年目は15勝5敗、210奪三振、防御率1・82でプロの投手部門で栄誉とされる沢村賞を獲得している。ダルビッシュはさらに08年の北京五輪、09年のワールド・ベースボール・クラシック（WBC）の日本代表選手に選ばれ、WBCでは日本の連覇に大きく貢献して日本球界のエースとなった。

「直球はそんなに速くない。変化球には自信がある」。レンジャーズ入りが決まった際の記者会見で自ら語ったように、ダルビッシュの持ち味は変化球だ。スライダー、カーブ、フォークボール、ツーシーム、チェンジアップ、カットボールと球種は多く、特に打者の手元で鋭く変化するスライダー、フォークは空振りさせる武器になっている。「速くない」という直球でも150キロ台の前半は出ており、そのストレートを見せながら変化球で打ち取るのが、ダルビッシュの投球パターンといえる。

12年4月9日（現地時間）、ダルビッシュは米テキサス州アーリントンの本拠地レンジャーズ球場での対マリナーズ戦に先発で初登板。日本のメディアは「ダルビッシュは六回途中まで投げて8安打5四死球5失点と乱調だったものの、味方打線の援護でチームは11－5で勝って勝利投手になり、メジャー初陣を白星で飾った。日本選手で、デビュー戦に先発して勝利したのは09年の**川上憲伸投手**（ブレーブス、現中日）以来8人目である」と伝えた。

ダルビッシュの7年間のプロ野球通算成績は167試合、93勝38敗1ホールド、1259奪三振、防御率1・99。防御率は07年から11年まで5年連続で1点台をマーク、**稲尾和久**（西鉄）以来51年ぶりという大記録を達成した。

マイナーリーグなどにも4人

大越　基投手、加藤高康投手、宮川一彦内野手、熊谷陵投手

佐々木主浩らメジャー3選手のほかに、米マイナーリーグに所属した宮城ゆかりのプレーヤー

もいる。**大越基投手**（仙台育英高―早大中退）、**加藤高康投手**（仙台商高―東海大―ＮＴＴ東北―ロッテ）、**宮川一彦内野手**（静岡・静清工高―東北福祉大―大洋）、**熊谷陵投手**（東京・芝浦工大高―東北福祉大）の４人だ。

大越は早大を中退した後の１９９２（平成４）年に渡米し、マイナーリーグ1Aのサリナス・スパーズに所属した。同年秋、ダイエー（現・ソフトバンク）にドラフト1位指名されて入団し、間もなく外野手に転向、２００３年に引退した。加藤はロッテを退団した翌１９９６年秋にレッドソックスのテスト生としてマイナー契約したが、メジャーに昇格できず、97年春に引退した。宮川は大洋を退団した翌年の２０００年に米独立リーグのニューアーク・ベアーズに所属したが、同年秋に退団、引退した。熊谷は大学４年の夏にハワイ遠征した際の好投などがレッドソックス首脳の目にとまり、02年1月に契約。マイナーリーグ2A、1Aでプレーしたが、03年8月に解雇通告された。

第二章　プロ野球

日本に職業野球が誕生したのは１９３４（昭和9）年12月。読売巨人軍の前身である大日本東京野球倶楽部が第1号だった。そのプロ球界に宮城県から最初に入った選手として37年に金鯱入団の村田信一捕手、42年朝日入団の斎藤忠二捕手・投手がいるが、伝説のように語られるのは48年に急映に入団した吉江英四郎投手だ。

東北楽天の本拠地、クリネックススタジアム宮城

プロの草分け

吉江英四郎投手

みやぎが生んだプロ野球選手の系譜をたどると、まず名前が挙がるのは１９３７（昭12）年に金鯱入団の**村田信一捕手**（東北中〈現・東北高〉―横浜専〈現・神奈川大〉）、42年に朝日入団の**斎藤忠二捕手・投手**（宮城工業―日東紡）。しかし、宮城県球界で**吉江英四郎投手**は「プロの草分け」として語り継がれている。

吉江はカナダ生まれの二世。35年に帰国し、40年に主将、エース、４番打者として仙台一中（現・仙台一高）の２度目の全国大会出場の立役者となった。甲子園での同校は初戦で千葉商に０―７で敗れたが、吉江は東北大会から体調を崩し、甲子園では試合後半、ベンチに戻ると先輩医師に注射を打ってもらいながらマウンドに立ったという。身長１７６センチの右腕から砲丸投げに近い投法で投げ下ろす速球が武器だった。

吉江は仙台一中から早稲田大に進み、米進駐軍の通訳として仙台に戻ったのが46年。社会人野球・広瀬クラブの投手として活躍し、48年にはプロの急映に入団。その後巨人に移籍したが、急映の48年には16勝をマークしている。巨人を退団後の吉江は社会人野球の大昭和製紙に移り、53年の都市対抗野球で全国制覇もしている。プロ通算97試合、28勝37敗、１７５奪三振、防御率3・64。吉江がプロに在籍していたころ、**星沢純投手**（宮城水産―日和倶楽部）も阪神（47年入団）で投げている。

宮城県の高校野球の名門、古豪と言えば仙台一、仙台二、東北、仙台育英、仙台商などの名が挙がる。このうち東北、仙台育英が卒業生をプロの世界に数多く輩出しているのに対して、県内有数の進学校である仙台一、仙台二からは1世紀余の野球部史の中でそれぞれ1人だけ。仙台一が吉江英四郎投手なら、仙台二は**江尻慎太郎投手**（日本ハム―ＤｅＮＡ―ソフトバンク）がその人だ。

江尻は仙台二を卒業後、2浪して早稲田大に入学。東京六大学では肘の故障などで通算5勝にとどまったが、素質を買われて２００１（平成13）年に自由枠で日本ハムに入団した。プロ入り後、期待された先発では思うように結果が出せなかった右腕だが、中継ぎに回った07年に7勝、4ホールドをマークして日本ハムの主力投手陣の一角を占めた。

しかし、再び故障した肘の手術を余儀なくされ、投法も１８６㌢の長身を利した上手投げから横手投げに変えるなど苦難の道をたどる。それでも我慢と努力で復活。横浜（現・ＤｅＮＡ）に途中移籍した10年には、自己最多となる54試合に登板する活躍（1勝2敗）でブルペンを支えた。11年も65試合に登板し2勝2敗0セーブ、防御率2・06をマーク、プロ野球オールスターゲームにも監督推薦で初めて選ばれた。その第3戦がクリネックススタジアム宮城（仙台市）で開催された7月24日、「涙が出るほどうれしい。オールスターに出る自分を想像したことはなかった。すごい選手ばかりなので、セ・リーグの足を引っ張らないようにしたい」と喜びと決意を語った江尻は、中継ぎで2インニングを完ぺきに抑える雄姿を地元ファンの前で披露した。プロ通算249試合、27勝19敗1セーブ、防御率4・32。

新人王に続き、本塁打王に輝く
佐藤孝夫外野手

みやぎのプロ野球人で最初にビッグタイトルを獲得したのは国鉄（現・ヤクルト）の遊撃手―外野手だった**佐藤孝夫**だ。1952（昭和27）年に新人王、57年には**青田昇**とともに本塁打王にそれぞれ輝いた。

佐藤は台湾生まれ。戦後間もない46年、一家で父親の郷里・白石市に引き揚げ、白石中（現・白石高）に編入して野球部に入った。「本格的に硬球を握ったここでの野球がわが野球人生の原点」だという。卒業の春、誘われて「野球をやっている地元少年たちのあこがれ」だった社会人の仙台鉄道管理局（現・ＪＲ東日本東北）に就職し、鍛えられた。「このころ、作家の**井上ひさし氏**（当時高校生）が毎日のように私のプレーを見に来られ、以来私のプロ入り後、スワローズのファンであり続けておられるとの手記を拝見し、大変うれしく感激を覚えた」。佐藤は『21世紀の飛翔　宮城県社会人野球史』への寄稿文にこう記している。チームは51年夏の全国鉄道野球大会で優勝し、佐藤はＭＶＰに選ばれる。これが、佐藤のその後50年にわたるプロ野球人生のきっかけとなり、同年12月、国鉄スワローズと入団契約した。プロ入りして最初のシーズンは遊撃手でデビュー。いきなり14本塁打、打率2割6分5厘をマークして新人王に輝いた。

「正面のゴロが苦手」でプロ2年目からは外野手に転向し、57年に22本塁打を放って大洋の青田と本塁打王を分け合った。1本先行の青田に追い付いたその22本目は、中日のエース**杉下茂**から。「彼の超一流のフォークボールはまず打てない。だから狙いは真っすぐ。来たんだね、狙い球が」と後に語っている。プロ現役生活で最大の思い出だという。追い付いた後はバットを振り回すばかりでもう1本が出ず、タイトルへ独走とはいかなかった。

練習中に負った左足の大けがが響き、現役生活は12年で終わる。通算出場1275試合、970安打、150本塁打、432打点、219盗塁、打率2割3分8厘。引退後は国鉄、サンケイアトムズ、ヤクルトの打撃コーチを20年間続け、79年には8月からシーズン終了まで監督代行も務めた。その後、西武、阪神の各コーチを経て再びヤクルトのコーチとなり、辞めた後もスカウトなどでプロ野球にかかわった。

佐藤がプロ入りした後の53年夏、母校・白石高は甲子園にコマを進めた。創部8年、宮城県南の高校として初めての快挙だった。同校が4—0で勝って甲子園出場を決めた東北大会決勝の相手は、**皆川睦雄投手**を擁する米沢西高（現・米沢興譲館高）。皆川は卒業後に南海に入団し、通算221勝139敗、1638奪三振、防御率2・42の見事な成績を残し、2011（平成23）年に野球殿堂入りしている。

甲子園での白石高は1回戦で熊本高（熊本）に3—6で敗れたが、その時の監督は仙台一中の選手として2度甲子園（うち1回は文部省主催の官営大会）の土を踏んでいた**春日清**、投手は当時2年生で卒業後に佐藤と同じ国鉄に55年入団した**大沼清**だった。白石高からは佐藤、大沼のほか**佐藤公男投手**が仙鉄局を経て53年に洋松ロビンス、**斎藤良雄投手—外野手**が57年に国鉄に、それぞれ入団している。

50、60年代をにぎわせたWAKO

「3若生」と「若生5兄弟」

1953（昭和28）年、後にプロ球界で活躍する同姓の3投手が東北高野球部の門をたたいた。**若生智男**、**若生照元**、**若生忠男**の「3若生」。翌年、同校監督に就任したのが名将とうたわれた**松尾勝栄**だった。3人は「毎日200～300の投球ノルマを課した」（智男）松尾の厳しい指導に鍛えられ、素質を開花させていった。プロ入りの先陣を切ったのは55年に西鉄入りした忠男。マウンド上でまず打者に背を向け、向き直ると今度は体をタコのようにクニャリと折り曲げて下手から投げ込む独特のプレースタイルは、当時流行の「ロカビリー」から取って「ロカビリー投法」と呼ばれた。30歳時の67年9月17日、西宮球場での対阪急戦でノーヒットノーランの偉業を達成するなど、西鉄―巨人のプロ通算578試合に出場し、105勝107敗、1459奪三振、防御率2・81の記録を残した。

忠男の西鉄入団翌年の56年に毎日オリオンズに入団したのが智男だ。忠男に比べて公式戦で活躍し始めたのはずっと遅かったが、60年に13勝してローテーション入りすると、7年目の62年に自己最多の15勝をマーク。阪神に移籍してからも4度、2ケタ勝利を上げた。毎日—大毎—阪神—広島での現役実働21年で、通算628試合に出場し121勝120敗2セーブ、1396奪三振、防御率2・71。「私は三、四番手の投手。酷使されなかったのかな」と息の長い現役生活を振り返る。引退後も節制ある生活態度が買われてロッテ、阪神、福岡ダイエーのコーチを計19年、福岡ダイエーのスカウトを1年務め、計41年間プロ球界に身を置いた。智男には東北高入学後、野球部を一時退部してボート部に誘われたが、1年の2学期に体育の時間に野球をしていた時、偶然に校長の目にとまり、勧められて再入部したというエピソードがある。現在の東北楽天の本拠地・クリネックススタジアム宮城の前身である県営宮城球場で、高校生として球場オープン第1号本塁打を放ったのも智男だった。

照元は高校卒業後、中央大に進み、60年に大洋に入団した。実働4年、13試合に登板し0勝1敗と選手生活は短かったが、引退後はスカウトに転じ、スカウト部長、球団取締役を経てベイスターズサービス常務取締役を務めた。

宮城県野球界で「3若生」とは別に著名なのが「若生5兄弟」だ。「3若生」の1人でプロで活躍した智男はその二男。長男は仙台商高の「大型捕手」として活躍し、後に監督として仙台商を初めて68年春と夏の甲子園に導いた**久仁雄**だ。後に宮城県野球連盟の理事長も務めた。三男・

吉弘は仙台一高、四男・**弘之**は仙台高の各投手としてプレーした。東北高出の六男・**正広**は法大―社会人野球のチャイルドを経て埼玉県の埼玉栄高監督から母校東北高のコーチとなり、その後監督として2003（平成15）年の全国高校野球選手権大会で**ダルビッシュ有**（日本ハム―米大リーグ・レンジャーズ）、**真壁賢守**、**采尾浩二**、**斎藤学**の各投手らを擁して準優勝を果たし、九州国際大付高の監督だった11年の選抜高校野球大会では同校を初めて決勝（準優勝）に導いた。

粘り強くベースを守る

伊藤勲、加藤俊夫、八重樫幸雄各捕手ほか

宮城県ゆかりのプロ野球人を眺めると捕手が意外に多いことに気付く。しかも息長く現役で活躍しており、まさに粘り強い「東北人」の象徴のようだ。昭和期のその代表格と言えば**伊藤勲**、**加藤俊夫**、**八重樫幸雄**の3人だろう。

最初に頭角を現したのは東北高出で1961（昭和36）年に大洋入団の伊藤。岡山東商高―明

治大—大洋と、球界を代表する下手投げのエース**秋山登**とバッテリーを組んだ名捕手**土井淳**の後を受けて、64年からレギュラー入りした。長身（１８１㌢）で細身だが、長打力は中軸打者並み。19年目の79年に移った南海までプロ通算20年、１７７１試合に出場し、１０５４安打、１５２本塁打、４９５打点を積み重ねた。通算打率２割３分１厘、右投げ右打ち。オールスター戦に５度出場した。

　通算１０００安打にはわずかに届かなかったが、同じく辛抱強く実績を積み重ねたのは、仙台育英高から社会人の日本軽金属を経て１９６６（昭和41）年の第２次ドラフト１位でサンケイアトムズ入りした加藤だ。仙台市岩切中時代からいかにも捕手と思わせるがっしりとした体格で注目を集め、仙台育英２年時には正捕手として夏の甲子園に出場。プロでは２年目に早くも正捕手の座に就いたが、４年目に自らの不祥事で球団から無期限出場停止処分を受け、シーズン終了後に解雇された。それでも１年のブランクを経て72年に東映フライヤーズでプロ復帰すると、持ち前の粘りで現役を続け、77年には打率２割７分をマークしてベストナインに選出された。16年目の82年に大洋へ移り、プロ引退後は野球解説のかたわら仙台で少年野球の指導に当たった。プロ通算18年、１５０７試合に出場し、９６２安打、１１６本塁打、４３１打点、打率２割４分７厘を記録。右投げ右打ち。ダイヤモンドグラブ賞１度、オールスター戦にも４度出場している。

　加藤の４年後輩で、仙台商高初のプロ選手となったのが八重樫だ。少年時代に新聞配達をして家計を助け、仙台商では1年生の夏に一塁手として、その後捕手に転向し、3年生の夏には捕手としてそれぞれ甲子園に出場している。このうちベスト8まで勝ち進んだ3年生時の甲子園大会には**太田幸司**を擁する三沢高も出場し、松山商高（愛媛）との間で高校野球史に残る決勝再試合の激闘を演じている。八重樫は高校卒業後、強打と頭脳的なインサイドワークを買われ、1969（昭和44）年のドラフト1位指名でアトムズ（70年1月、ヤクルトに改名）入りする。「甲子園後、全日本代表としてブラジルに遠征、プロでやれる自信を持った」と言う。

プロでは後に横浜の監督にもなった**大矢明彦**（駒沢大出）の壁が高く、正捕手の座をなかなかつかめなかったが、バットをブラブラさせてオープンスタンスに構える独特の打法で打撃開眼したのが80年代。プロ入り15年目の84年にオールスター戦への出場を果たし、翌年に打率3割4厘で初のベストナインに輝いた。オールスター戦には計3度出場。ヤクルト一筋の実働23年は当時のセ・リーグ記録だった。プロ通算1348試合、773安打、103本塁打、401打点、打率2割4分1厘。右投げ右打ち。現役引退後もコーチ、2軍監督、1軍コーチなどを務め、2009年からヤクルト球団スカウト。

伊藤―加藤―八重樫と続いた「宮城のプロ捕手」について、八重樫は「捕手は辛抱のポジション。東北人には合うのかもしれない」と語っている。

八重樫幸雄の跡を継いだみやぎの主な捕手として**佐々木信行**（佐沼高―ロッテ）のほか、**矢野**

輝弘（東北福祉大—中日—阪神）、**鈴木郁洋**（仙台育英高—東北福祉大—中日—近鉄—オリックス）、**石原慶幸**（東北福祉大—広島）、**井野卓**（東北福祉大—東北楽天—巨人）や**新沼慎二**（仙台育英高—横浜—DeNA）、**星孝典**（仙台育英高—東北学院大—巨人—西武）らの名前が挙がる。

このうち1972（昭和47）年にプロ入りした佐々木は「ロッテのダンプさん」と呼ばれ、若い選手の〝兄貴分的存在〟だった。87年からコーチ、2軍監督を務め、プロ引退後は東北楽天のホームゲームで野球解説をしている。

90（平成2）年のドラフト2位で中日入りした矢野は、大学で捕手の傍ら三塁手も務め、89年から2年連続で日米大学野球に出場。プロでは阪神移籍（97年）後の99年に初めて規定打席に到達して打率3割4厘をマークし、セ・リーグ打撃成績10位に入った。2003年には打率3割2分8厘を記録して初のベストナインとゴールデングラブ賞を獲得し、08年夏には北京五輪代表に招集されている。プロ通算20年、1669試合、1347安打、112本塁打、570打点、打率2割7分4厘。ベストナイン3度、ゴールデングラブ賞2度、最優秀バッテリー賞2度（阪神・**井川慶**、**藤川球児**の各投手と）、日本シリーズ敢闘賞1度、オールスター戦出場7度。右投げ右打ち。

08年に再び正捕手の座に就いた石原は、定評のある守備力で10年、最多勝利投手に輝いた**前田健太**とともにセ・リーグ最優秀バッテリー賞を受賞している。

強心臓が生んだ完全試合

島田源太郎投手

いつもは能面のように無表情な男が、終盤近くになるとやはり「完全試合」を意識して顔面は蒼白《そうはく》。それでも最後の打者吉田に対して1（ストライク）―3（ボール）から落ち着き払って直球を真ん中に通したあたりは、さすが「超心臓男」のうわさ通りだった――。

昭和35（1960）年8月12日付の河北新報は『ネット裏から』でこう報じている。舞台は川崎球場。大洋―阪神20回戦で大洋の**島田源太郎投手**がプロ野球史上6人目の偉業を達成した瞬間だ。

ザトペック投法で一世を風靡《ふうび》した阪神・**村山実**との投げ合いとなった試合。いつもは立ち上がりの悪い島田だが、この日は初回をわずか7球で料理する好調な出足だった。直球に伸びがあり、そのうえ低目によく決まり、**土井淳捕手**とのコンビネーションも抜群で最後まで乱れなかった。試合は大洋が四回に2短長打などで1点を挙げ、1―0の投手戦のまま最終回2死を迎えた。

ここで阪神が代打に送ったのが**吉田義男**。島田は顔面蒼白になって投げ、1―3の不利なカウントになりながら2直球をど真ん中に決めた。吉田はこれを見送って三振。**藤本英雄**（巨人）、**武智文雄**（近鉄）、**宮地惟友**（国鉄）、**金田正一**（国鉄）、**西村貞朗**（西鉄）に続くプロ野球史上6人目の完全試合はついになった。

島田の投球内容はストライク31、ボール41、ファール12、打球24（内野ゴロ11、内野フライ10、外野フライ3）、三振3、投球数108。試合時間は1時間54分だった。

当時の大洋監督・**三原脩**は「三振がわずか3で完全試合を樹立したのはそれだけ巧《うま》い投球だったことと、この内容が価値の高いことを証明している」と絶賛。島田は試合後、「きょうはいつもよりストレートを多く投げた。追い風も幸いしたし、スピードにも自信があったからだ。完全試合ができるとは最後まで思わなかったが、六回、ナインに『色気を出すな』と言われて少し堅くなった」と話した。

前記の『ネット裏から』は、「ゲームが終わって一塁側ベンチ上から大洋応援団がグラウンドにとび出し、報道陣もどっと島田を取り巻いたが、本人は冷静そのもの。『完全試合は6人目ですか』と逆に質問するほどの落ち着きだった」と〝強心臓〟ぶりを記している。

島田は気仙沼高卒で、58年テスト生として大洋入団。右腕からのアウトドロップを武器に新人時代から将来の大物といわれ、1年目は2勝無敗、2年目は4勝3敗、3年目ようやく大器の片鱗を見せ、既に2ケタ勝利する中で完全試合の偉業を達成した。プロ通算では70勝77敗、944

奪三振、防御率3・18。オールスター戦出場2度。82年から2年間ロッテの2軍投手コーチも務めた。

もう一人の鉄人

金本知憲外野手

2011（平成23）年4月15日、ナゴヤドームでの阪神―中日戦で、1998年7月10日のヤクルト戦から続いていた阪神・**金本知憲外野手**（東北福祉大出）の連続試合出場の記録が、味方選手の予想外の盗塁失敗で途切れた。

八回表2死一塁、阪神の**真弓明信監督**（現・野球解説者）は打順が回ってきた投手を引っ込め、金本を代打に送った。一塁走者は金本の高校の後輩でもある**俊介外野手**（藤川俊介、広島・広陵高―近畿大）。阪神は5―3でリードしており、この場面、走者は打者のヒットを待つのがセオリーだ。ところが何を思ったか、俊介は盗塁を強行して失敗、チェンジになってしまった。

このため、金本の打席は未完了となり、しかも金本はその裏の守備に就かなかったため記録上試合に出場しなかったことになり、連続試合出場は前日14日のゲームで達成した1766試合で止まってしまった。

試合終了後、金本は「（記録が止まったことを）全然気にしていない。笑えたぐらいです。監督には『無理して試合に出すのは、やめてください』と言っていた。それよりも、あの場面での盗塁にはビックリした」と、セオリーを無視した後輩の2死からの盗塁に苦笑した。

金本の連続試合出場はストップしたが、それでも「鉄人」と呼ばれた**衣笠祥雄三塁手**（広島、現・野球解説者）の2215試合に次ぐプロ歴代2位の記録だ。金本はこのほかに連続試合フルイニング出場1492試合（99年7月21日―2010年4月17日）、連続イニング出場1368イニング（同）の世界記録も持っており、強靭な肉体、精神力は先輩・衣笠に勝るとも劣らない。

金本は広島市出身。高校球界の名門・広陵高を卒業後、1浪をして1988（昭和63）年、東北福祉大に一般受験で入学した。1年生からレギュラーの外野手に起用され、4年連続で全日本大学野球選手権大会に出場。大学最後の91（平成3）年の第40回大会では、決勝で関西大を延長17回の激戦の末に破って初優勝した。この試合で、金本は左手首の剥離骨折を押して出場し、勝ち越し2点適時打を放って勝利に貢献し、直後の日米大学野球選手権大会の日本代表にも選出されている。

大学通算23本塁打のパワーが認められ、金本は同年秋のドラフト会議で広島から4位指名されて入団した。しかし、プロの水は甘くなかった。１８０センチ、85キロとまずまずの体格ながら入団後2年間はプロのスピード、体力について行けず、レギュラーの座をつかめなかった。

力を発揮し始めたのは、筋力トレーニングなどの地道な体力づくりが実を結んだ3年目の94年。後半から徐々に出場機会が増え、最終的に90試合に出場、打率2割6分8厘、17本塁打の成績を残した。翌95年は開幕からレギュラーで１０４試合に出場し、打率2割7分4厘、24本塁打の好成績を挙げてベストナインにも選ばれている。96年は主軸の5番打者として初めて3割の打率を残し、２０００年には最終戦で30号本塁打を放ち、プロ史上7人目の「3割、30本塁打、30盗塁」を達成した。

広島には02年まで11年間在籍したが、同年のシーズン終了後に球団との再契約交渉が難航し、金本は結局、ＦＡ権を行使して阪神に移籍した。阪神の1年目は開幕から3番に座って猛虎打線を復活させ、チームの18年ぶりのリーグ優勝に貢献した。翌年からは4番打者の重責も担い、熱狂的なファンから「アニキ（兄貴）」と呼ばれ、阪神をけん引した。

しかし、鉄人・金本も人の子。年齢とともに体力が落ちたこともあり、ケガが多くなった。41歳になった09年、開幕当初は好調だったが、5月以降は徐々に調子を落とし、最終打率は移籍後ワーストの2割6分1厘にとどまり、11年には連続試合出場の記録も途絶えた。

迎えたプロ生活21年目の12年6月3日。金本は札幌ドームでの日本ハム戦でプロ史上9人目の通算1500打点を、最年長となる44歳2ヵ月で達成した。記念の適時打は、五回2死一、三塁から右翼線を襲った金本らしい火の出るような鋭い当たりで、2点二塁打となった。

その後、プロ史上7人目、大学出身選手としては初の通算2500安打を記録したものの、左翼を守った8月25日の対広島戦で、右肩の故障から、左中間へ打ち返した広島・**天谷宗一郎**に屈辱的な形でランニング本塁打を許した金本。自らの打球も飛距離が出なくなり、もはや攻守に衰えは隠せなくなった。金本は9月に入って阪神球団社長から次季の進退を一任され、同月12日の記者会見で12年のシーズン限りでの引退を表明。席上、「限界かなという思いもあるし（チームが）若手に切り替わる中で、いい時のパフォーマンスが出せない自分がいるのも肩身が狭いというのもあった」と決断した理由を語った。そんな金本を、阪神監督時代に広島からFAで獲得し、03年に優勝を果たした現・東北楽天の**星野仙一監督**は「あいつが阪神の意識を変えてくれた。エリートではなく、雑草育ちではい上がってきただけに、いい指導者になれると思う」とねぎらい、金本の大学時代の野球部総監督だった**菅本昭夫**は「本当に練習熱心だった。また、後輩を飲みに誘うなどいい『アニキ』だった。ぜひ一度、部員に苦労話などを語ってもらいたい」と振り返った。

金本の通算成績は2578試合、2539安打、476本塁打、1521打点、打率2割8分5厘、167盗塁、1002打席連続無併殺打。主なタイトル・表彰は打点王（2004年）、最優秀選手（05年）、ベストナイン7度（1995、2000、01、04―06、08年）など。

変則打法で打率3割
和田一浩外野手

バットを上段に構えて上下に揺らし、極端なオープンスタンスから左足を踏み出して一気に振り抜く。東北福祉大から社会人野球を経て西武に入団、中日に移籍した**和田一浩外野手**の打撃フォームは独特だ。とても基本に則した打撃フォームとは言えないが、その打法でプロ生活15年の通算打率が3割を超えているから驚きだ。

出身は岐阜市。県岐阜商高では2年生時に控えの捕手として春の選抜高校野球、夏の全国高校野球選手権に出場した。東北福祉大に進学、仙台六大学野球リーグでは首位打者1度、ベストナインに2度選ばれた。4年生時には主将で4番を打ち、日米大学野球選手権大会の日本代表にも選ばれている。

大学卒業後、社会人野球の神戸製鋼で2年間プレー、通算打率4割2分9厘、9本塁打、21盗塁をマークし、1996（平成8）年秋のドラフト会議で強肩・好打の捕手として西武から4位指名されてプロ入りした。

入団当時、西武には正捕手として**伊東勤**（西武監督―野球解説者―ロッテ監督）、控えに**中嶋聡**（秋田・鷹巣農林高―阪急―オリックス―西武―横浜―日本ハム）がいたため、ルーキー和田の出番は少なく、1年目からの3年間は主に代打として起用された。出場機会が増えたのは99年の終盤から。2000年には打撃を認められ、捕手だけでなく一塁手、外野手として55試合に出場、規定打席に達しなかったものの3割6厘の打率を残した。

01年からは出場試合数がグンと増え、02年には守備位置も捕手から外野手一本に絞り、レギュラーの座をつかんだ。以降は西武の中軸打者として活躍、04年には打率3割2分、30本塁打、89打点の好成績を挙げ、3年連続で「3割、30本塁打、80打点」を達成した。この年に始まったパ・リーグのプレーオフでサヨナラ本塁打（日本ハム戦）、その後の中日との日本シリーズで4本塁打、6打点の活躍でチームを12年ぶりの日本一に導き、優秀選手に選ばれた。

その後の和田は、05年に打率3割2分2厘をマークして首位打者となったほか、07年9月8日の日本ハム戦で通算1000本安打を達成するなど存在感を示したが、同年秋の契約更改でFA権を行使、「子供のころからあこがれていた」中日に移籍した。

中日でも1年目から4、5番の中軸に座り、特に3年目の10年は序盤から打撃好調で、最終的には打率3割3分9厘、37本塁打、93打点の成績を残してチーム3冠王を達成、4年ぶりとなる中日のリーグ優勝に貢献した。続くクライマックスシリーズ、日本シリーズでも活躍（チームは敗れる）、初のリーグシーズン最優秀選手賞を獲得した。

11年の和田はフォームの改造、統一球の影響などもあり、打率2割3分2厘、12本塁打と不本意な成績に終わった。秋の契約更改では「今までやってきたことが崩れ去った。（来シーズンは）一からの挑戦と思う」とプロ生活16年目、そして不惑の40歳を迎える12年シーズンでの再起を誓った。

11年終了時の通算成績は1513試合、1619安打、271本塁打、851打点、69盗塁、打率3割9厘。主な獲得タイトル・表彰は、首位打者、最多安打（05年）、最優秀選手、最高出塁率（10年）、ベストナイン6度（02—06、10年）。

22歳で名投手の勲章

金村　暁投手

①**田中将大**（東北楽天）1・27②**ダルビッシュ有**（日本ハム）1・44③**和田毅**（ソフトバンク）1・51④**杉内俊哉**（ソフトバンク）1・94——。

2011（平成23）年のパ・リーグ防御率上位4人の成績だ。この年に、「飛ばないボール」と言われ、打者を悩ませたプロ野球12球団使用のNPB（日本野球機構）統一球が導入されたこともあるが、防御率1点台がズラリと並んだ。ちなみに田中の1・27は、プロ野球の2リーグ制度以後で**村山実**（阪神）の0・98（1970〈昭和45〉年）、**稲尾和久**（西鉄）の1・06（56年）、村山の1・19、1・20（59、62年）に続く5位の記録だった。

「防御率」。投手の9イニングの平均自責点を表す。勝利数とともに投手としての実力を示す数値であるだけに、名投手を目指すプロにとってこだわりも強い。その最優秀防御率を入団4年目、22歳の若さで獲得したのが**金村暁投手**だ。金村は76年4月、気仙沼市生まれ。リトルリーグの九条フェニックスで小学6年生時に東北大会準優勝に輝き、同市条南中から「気仙沼の知人に

竹田利秋先生を紹介されて」仙台育英高に進んだ。3年生の夏の甲子園にエースとして乗り込み、天理高（奈良）、北陽高（大阪）の優勝候補2校をいずれも九回サヨナラで破り、仙台育英が準優勝した89（平成元）年以来の8強入りを果たしている。94年ドラフト1位で日本ハムに入団。登録名の暁《さとる》はプロ入り後に「秀雄」を改めた。

プロでの金村はけがをしがちだったこともあり、頭角を現したのは3年目だった。4年目の98年には開幕から中継ぎとして1軍に定着し、オールスターゲームにも出場した。後半戦は先発ローテーション入り。5完投もマークして、135イニングでぎりぎり規定投球回数に達し、8勝8敗1セーブ、防御率2・73でリーグ最優秀防御率に輝いた。この勢いを持続したかった金村だが、2年続けて右肩痛でシーズン途中に戦線離脱。日本ハムのエースとして活躍したのは2002年からで、05年まで4年連続で2ケタ勝利を記録している。

そして06年9月24日。千葉マリンスタジアムでのロッテ戦で「事件」が起きた。先発金村は要所を締める投球で、ロッテ打線を4回まで最少失点に抑えていた。だが、5回に2安打と四球で2死満塁のピンチを招く。日本ハムがプレーオフに1位で進むには落とせないゲーム。金村にとってもあと1つアウトを取れれば、5年連続の2ケタ勝利を挙げる権利も得る。

この場面で**ヒルマン監督**はマウンドに向かい、交代を告げた。試合後、金村は報道陣に怒りをぶちまけた。「外国人の監督だから、個人の成績なんて関係ないんでしょ。絶対許さない。顔も見たくない」。監督批判の発言は翌日の新聞各紙をにぎわせ、金村は球団から即刻、出場停止と罰金200万円の処分を言い渡された。チームはその後、リーグ1位でシーズンを終え、プレーオフを経て対中日との日本シリーズにコマを進めた。

その日本シリーズ第4戦は10月25日、札幌ドームで行われた。1―0とリードする日本ハムは五回表、2死三塁のピンチ。マウンドには勝ち投手の権利を目前にした先発の金村が立っていた。迎える打者はセ・リーグの首位打者・**福留孝介**。ダグアウトからヒルマン監督が出てマウンドに向かう。「あの時と同じだ」。観客の脳裏に1ヵ月前のシーンが浮かんだ。また降板を命じるのか。マウンドに歩み寄る監督を見て観客の多くがそう思った。「福留と勝負するか？　それとも歩かせるか？」。監督の言葉は観客の想像に反していた。「勝負します」。金村は即答する。「分かった。お前に任せた」。監督はそう言ってダグアウトに戻った。

金村は真っ向勝負を挑み、三振に仕留めた。チームも勝利し、日本一に王手をかけた。試合後、ヒルマン監督は金村と抱き合い、勝利監督インタビューでは「素晴らしい投球だった。私は彼を誇りに思う」とコメントした。日本ハムは翌日も勝ち、44年ぶりの日本一に輝いた。

「事件」の背景には、金村の焦りがあった。シーズン前に右肘を手術し、キャンプで十分調整できなかった。序盤こそ好調だったが中盤にスランプに陥り、8月に登録を抹消された。その間、2年目のダルビッシュ有ら若手が活躍し、チームは快進撃。金村は再登録後に盛り返し、勝ち数を９に伸ばしたが、達成感はなかった。
チームが日本シリーズ進出をかけてプレーオフに臨んでいる間、金村は宮崎で走り込みをしていた。その宿舎にいる金村の携帯電話が鳴った。監督からで、「君の９勝があったからプレーオフを戦えている。日本シリーズでは君の力が必要になる。しっかり調整してくれ」と激励された。金村は調整のピッチを上げ、日本シリーズでチームに合流した。

翌07年１月に気仙沼市内のホテルで開かれた後援会主催の「金村投手優勝祝賀会」。席上、金村は「私の発言で世間をお騒がせしたこともあったが、地元の皆さんをはじめ、ファン、チームメートに支えられ念願だった日本一に貢献できた。初心に帰り、今年はひと回り成長した金村をお見せしたい」と地元ファンに感謝し、さらなる活躍を期した。しかし、シーズンが終わった11月、金村は**中村泰広投手**との交換トレードで阪神に移籍。セ・リーグでは勝ち星を１つ増やしただけで10年のシーズン終了後、阪神を戦力外となった。プロ通算２７１試合、89勝81敗２セーブ、９１３奪三振、防御率３・89。１８７センチ、83キロ。右投げ右打ちで変化球を主体に制球重視の投球をした。オールスターゲーム出場３度。

入団10年目で首位打者

嶋　重宣外野手

「考えてもいなかった夢が現実になりました。自分でも驚いています」。２００４（平成16）年の**嶋重宣外野手**はまさにそんな心境だった。広島に入団して10年目。推定年棒は７００万円。結果が出なければ自由契約も覚悟して臨んだシーズンに、背番号「55」は大爆発し、初の首位打者と最多安打、さらにセ・リーグのベストナインの３タイトルを獲得した。

打率３割３分７厘、１８９安打、32本塁打、84打点。首位打者決定後のインタビューで嶋は、前記談話に続き、「開幕直後は、回ってきたチャンスを生かそうと必死でした。一番苦しかったのは30—45試合目ころ。結果が出ず、体と感覚にずれがあった。でも2軍時代から目標を立ててやってきた経験で、修正できた。今季調子の波が少なかったのは、ファームでの積み重ねが生きたからだと思います」と語っている。

チームとして16年ぶりとなる首位打者誕生に、当時広島の監督で、自身も嶋と同じ28歳で首位打者を獲得した**山本浩二**は快打の秘密を「打席で主導権を握れたこと」と分析し、この1年の嶋の活躍を称賛した。

母親は札幌五輪のリュージュ代表選手。埼玉県から野球留学で東北高に入った嶋は、1年生の秋に5番、中堅手でレギュラーとなり、2年生からエース。甲子園には2年生の春から3度連続出場し、1994（平成6）年にドラフト2位で広島に入団した。その後、利き腕の左肘を痛めて5年目に投手から一塁手に転向し、厚い壁を突き破れずにいたところ、2004年に大ブレークした。同年のセ・リーグ打点王（113打点）は、初めての**金本知憲**（東北福祉大─広島─阪神）で、嶋と同じ外野手としてベストナイン（4度目）にも選ばれている。パ・リーグでは当時西武の**和田一浩**（東北福祉大─西武─中日）が外野手でベストナイン（2度目）に選ばれた。

04年の活躍などにより「赤ゴジラ」の異名で人気者になった嶋だが、近年は代打で起用されることが多くなり、10年は123試合、343打数（規定打数446）、90安打、14本塁打、46打点、打率2割6分2厘。11年は54試合、125打数、32安打、2本塁打、8打点、打率2割5分6厘だった。12年の開幕直前、**江草仁貴投手**との突然の交換トレードで西武に移った。181センチ、95キロ、左投げ左打ち。プロ通算成績は998試合、854安打、125本塁打、414打点、打率2割8分1厘。投手成績は2試合、0勝1敗、防御率7・71。

平成の牛若丸
小坂　誠遊撃手

かつて阪神に「今牛若丸」と言われた名遊撃手がいた。後に阪神の監督を務めた**吉田義男**だ。身長165センチ前後と小兵ながら、守備範囲の広さ、捕球から送球までの速さは抜群だった。その吉田にあこがれて野球を始め、プロ野球選手になった男がいた。「平成の牛若丸」と称され、ロッテ—巨人—東北楽天の遊撃手として活躍、その後、東北楽天の2軍内野守備走塁コーチとなった**小坂誠遊撃手**だ。吉田と同じように身長167センチと小柄だが、足が速く、守備範囲も「小坂ゾーン」と言われるほど広かった。

山元町出身。山下一小時代に地元の少年野球チームに所属して野球を始めた。同じチームの後輩に、後にプロボクシング日本スーパーライト級チャンピオンになった**小野淳一**（宮城農高出）がおり、親交がある。足が速く、身のこなしが俊敏で、野球は上手だった小坂だが、体が小さくパワー不足だった。しかし、野球が好きだったため柴田高に進学すると野球部に入り、遊撃手として技を磨いた。

卒業後は社会人野球のＪＲ東日本東北に入社し、１９９５（平成７）年から2年連続で都市対抗野球大会に出場した。同大会などで俊足・好守備がスカウトの目にとまり、小坂は96年秋のドラフト会議でロッテから5位指名されてプロ入りした。入団時の抱負は「阪神の吉田監督のような遊撃手になりたい」だった。

プロ1年目の97年オープン戦。小坂は背番号「00」の真新しいユニホームに身を包み、2番・遊撃手として12試合に出場、３割８分７厘の打率をマークしてパ・リーグのフレッシュマン大賞を受賞した。活躍は公式戦に入っても続き、開幕試合では3打数3安打の猛打賞を獲得した。ルーキーの開幕試合猛打賞は、96年の**仁志敏久二塁手**（巨人―横浜―米マイナーリーグ）に次ぐもので、2リーグ分裂後は８人目の快挙だった。同時に史上初となる出塁率10割（5打席連続）の記録も達成した。

小坂は同年、4月の月間最優秀選手に選ばれたばかりでなく、2番・遊撃手としてチーム唯一のシーズン全試合出場を果たし、新人として史上最多の56盗塁をマークした。盗塁王のタイトルは、62盗塁をマークした当時西武の**松井稼頭央遊撃手**（西武―米大リーグ・メッツ―ロッキーズ―アストロズ―東北楽天）に奪われたが、新人王に輝いた。

小坂はその後も走り続け、98年に43（盗塁王）、99年に31、２０００年に33（盗塁王）、01年に32の盗塁をそれぞれ決め、入団以来5年連続で30盗塁以上をマークした。１９４８―57年に**木塚**

忠助内野手（南海―近鉄）が達成した10年連続に次ぐ記録だった。

俊足をアピールした小坂だが、真骨頂は守備にある。**城島健司捕手**（ダイエー―ソフトバンク―米大リーグ・マリナーズ―阪神、12年引退）は、かつて「小坂さんがいると、毎試合ヒット1本は損する」と語っている。その守備範囲は「小坂ゾーン」と言われ、三塁手がトンネルした打球や、普通ならセンターに抜ける二塁ベース上の打球を難なくさばくほど広く、捕球後の送球も正確無比――と評価された。守備でチームに貢献した選手に与えられるゴールデングラブ賞を14年間の現役中に4度（1999―2001、05年）受賞したのがそれを証明する。

小坂は2005年12月にロッテから巨人へ移り、09年は本人も熱望していた地元宮城に本拠地を置く東北楽天に移籍、10年シーズン終了と同時に現役を引退した。吉田にあこがれて野球を始め、プロ入りの際の記者会見で「吉田監督のような選手になりたい」と語った小坂。その言葉通り「平成の牛若丸」になった。通算成績は1371試合、1069安打、19本塁打、303打点、279盗塁、打率2割5分1厘。右投げ左打ち。

実力派のイケメン

岸　孝之投手

２００８（平成20）年の日本シリーズ第７戦は11月９日、東京ドームで行われ、西武が巨人を３―２で下し、４年ぶり13度目の日本一となった。表彰式直後のグラウンドで、身長１８０センチ、体重68キロの細身・**岸孝之投手**（名取北高―東北学院大―西武）の体が２回、３回と宙に舞った。最終戦に登板しなかったプロ入り２年目の岸が、胴上げされたのには訳があった。岸は同シリーズ第４戦に先発登板し、１９８１（昭和56）年の**西本聖投手**（巨人）以来史上２人目となる毎回奪三振、05年の**渡辺俊介投手**（ロッテ）以来12人目のシリーズ初登板完封で巨人を下したうえ、２勝３敗で迎えた第６戦では、３―１とリードした四回１死一、三塁のピンチの場面に中２日で救援登板し、巨人打線を無失点に抑えた。岸は西武を日本一に導くその活躍で最高殊勲選手に選ばれていた。

翌日の河北新報は、「マウンド上では長髪をなびかせ、ピンチを迎えても涼しい顔。実力派の『イケメン』として、その名は一気に全国区となった」と郷土のヒーローを絶賛した。

岸が野球を始めたのは、仙台市西中田小4年の時。社会人野球・七十七銀行の監督をしていた父親**孝一**の影響を受けてだが、のみ込みが早かったことから急速に上達し、名取北高3年時の全国高校野球選手権宮城大会1回戦では、多賀城高打線を5回参考ながら無安打無得点に抑えた。観戦していたのが東北学院大の**菅井徳雄監督**。岸は勧誘され、卒業後に同大に進んだ。

「何をやってもできる。こんな子がいるのか」と菅井が驚くほど、身体能力が高かった岸は着実に力を付けた。4年生になった06年春の仙台六大学野球リーグ戦では、東北福祉大戦で3連投して東北福祉大のリーグ連覇を34で止め、東北学院大の18年ぶりのリーグ制覇に貢献した。優勝した東北学院大は6月の全日本大学野球選手権に24年ぶりに出場し、1回戦で敗退したものの、先発登板した岸は自己最速となる151キロの投球を記録した。実力を認められた岸は、直後の日米大学、世界大学の両野球選手権大会に選抜され、エースとして活躍している。

大学通算23勝11敗の成績を残した岸は、西武、巨人、東北楽天の3球団から誘われたが、06年秋のドラフト希望枠で西武に入団した。プロ1年目の07年、開幕直後から1軍の先発投手としてローテーション入りし、同じ年にプロ入りした**田中将大投手**（北海道・駒大苫小牧高―東北楽天）と並ぶ11勝をマークした。新人王は田中に奪われたが、岸はそれに匹敵する成績を残したとして特別表彰の「優秀新人賞」を受賞した。2年目は前年を上回る12勝を挙げてチームのリーグ制覇に貢献し、巨人との日本シリーズではMVPを獲得したのだった。

09年は7月20日までに10勝を挙げ、初めてオールスターゲームに選出された。しかし、後半は勝ち運に恵まれず、最終戦の対ロッテ戦で七回から救援登板、チームのサヨナラ勝ちで13勝目を挙げている。10年は序盤に7連勝したものの、右肩の違和感で夏場の3ヵ月、2軍での調整を余儀なくされた。それでも岸は9月に復帰し、最終戦で10勝目をマークして**松坂大輔投手**（横浜高―西武―米大リーグ・レッドソックス）ですらできなかった新人年から4年連続の2ケタ勝利を達成した。西武では初、前身の西鉄時代からだと**池永正明投手**（山口・下関商高―西鉄―野球解説者）以来42年ぶりの快挙だった。

右腕からのストレートの球速は140キロ台。岸はどちらかというと球威よりキレで勝負するタイプだ。変化球は大学時代から定評のあるスライダーが武器。先輩・**西口文也投手**（県和歌山商高―大正大）によく似た球筋で、大きく変化する。プロ入り後、曲がりが大きい緩いカーブをマスターして投球の幅が広がった。チェンジアップも投げるが、何よりも素晴らしいのは強くて柔らかい腕の振り。「鞭のようにしなる」という表現が当てはまり、躍動感にあふれるフォームは流れるように美しい。11年シーズン終了時の通算成績は116試合、54勝31敗1セーブ、防御率3・42。

27歳のパ・リーグ新人王

摂津　正投手

「社会人時代を仙台で過ごした自分にとって、東北は野球選手として土台を築いた場所です」。**摂津正投手**は秋田経法大付高を卒業後にＪＲ東日本東北に入社し、プロのソフトバンク入りするまで８年間、仙台で右腕を磨いた。だから２０１１（平成23）年３月11日に東日本大震災が起きて、「（シーズン）開幕前は野球をやっている場合じゃないんじゃないかと、本当に思った」と言う。が、「一生懸命やる姿が心に伝わる」と、プロ野球選手としての存在意義を見詰め直し、同シーズンは14勝を挙げてチームの日本一に貢献した。

82（昭和57）年６月生まれ。高校時代は「東北屈指の右腕」と評価され、２０００年には第72回選抜高校野球大会で甲子園のマウンドに立った（初戦で東洋大姫路高に１―４で敗退）。ＪＲ東日本東北でも04年からエースとして活躍し、都市対抗野球大会に補強選出を含めて７度出場。社会人最後のシーズンとなった08年の第79回都市対抗野球東北第２代表決定戦決勝の対ＴＤＫ（にかほ市）では、延長16回を投げ切って引き分け再試合に持ち込んだ後、再試合にも救援登板し、惜しくも0―1で敗れている。

プロには08年のドラフト会議で5位指名されてようやくたどり着いた。26歳。繁忙期には仙台駅の改札にも立ったことがあり、「ドラフトにかからなかったら、そのまま社会人でやろうと思っていた」と言う。球団が摂津に期待したのは即戦力だ。その期待に「遅れてきた新人」は応えた。開幕1軍入りした摂津は、09年5月8日の対西武戦でプロ初勝利すると、その後も中継ぎとして活躍。それによってソフトバンクは、ゲーム終盤で摂津、**ファルケンボーグ**、**馬原孝浩**の逃げ切り継投パターンを確立した。摂津はこのシーズン、新人のリーグ最多記録を更新する70試合に登板。防御率1・47と抜群の安定感を誇り、39ホールドポイントを挙げて最優秀中継ぎ投手に輝くとともに、新人王を獲得した。

181センチ、83キロ。テークバックの小さいフォームから直球、スライダー、カーブと緩急2種類のシンカーを、持ち前の制球力で投げ分けて打者を打ち取る。2年目のジンクスが心配された10年もスタミナは衰えることなく、摂津はチームの中継ぎ陣の主柱として71試合に登板。**稲尾和久**以来となる2年連続の70試合登板記録を達成してチーム7年ぶりの優勝に貢献し、自身も2年連続の最優秀中継ぎ投手となった。

摂津の「進化」はさらに続く。右の先発の柱がいないチーム事情もあって翌11年、先発に転向したばかりか、安定感のある投球を持続して14勝8敗、防御率2・79の好成績を残し、チームをリーグ連覇に導いた。初舞台となった中日との日本シリーズでも活躍。2連敗後の第3戦に先発し、粘り強い投球で負の流れを阻止した後、2日後の第5戦にも、勝負に出た**秋山幸二監督**の期待に応えて七回に登板し、1イニングをきっちり抑えて日本一へ王手をかけた。そして迎えた第7戦。摂津は九回2死一塁の場面でシリーズ3度目のマウンドに立ち、**和田一浩**から三振を奪って胴上げ投手になった。

「中継ぎから先発に回った1年目で不安もあったが、ローテーションを崩さないことだけを心掛けた。1年間先発で投げられた上、優勝も経験できてよかった」と振り返る摂津。マウンドに上がる時、「目標を定めること。試合に勝つために自分に今、何が必要かを考え、何事にもぶれない意志を持つよう努めている」と言う。プロ通算167試合23勝13敗1セーブ、341奪三振、防御率2・36（11年現在）。**杉内俊哉**、**和田毅**、**ホールトン**の3人が抜けた12年は、ソフトバンクのエースとして、投手陣の柱となった。

第三章　仙台六大学リーグ

杜の都仙台で東北大、東北学院大、宮城教育大、東北工業大、東北福祉大、仙台大の硬式野球部が集まってリーグ戦をやろう――と仙台六大学野球連盟が結成されたのは1970（昭和45）年2月。東北6県の大学が加盟して組織していた北部地区大学野球連盟から分離、独立しての発足だった。その2ヵ月後の4月11日、仙台市の評定河原球場で第1回の春季リーグ戦が開幕し、試合に先立って行われた開会式の始球式では当時の山本壮一郎宮城県知事がマウンドに立った。記念すべき開幕試合は東北大―宮教大戦。東北大が宮教大の終盤の反撃をかわして5―3で逃げ切り、リーグ戦初勝利を挙げている。仙台六大学リーグでは、さまざまな記録と、記憶に残るプレーも数多い。リーグ戦を彩った選手や指導者たちを紹介する。

仙台六大学野球リーグの初戦が行われた仙台市評定河原球場

64試合連続完投

小野秀明投手（東北大）

仙台六大学野球（以下仙六）リーグ発足から2011（平成23）年で41年。この間、福祉大が2度にわたって全日本大学野球選手権大会（以下全日本選手権）を制するなど、仙六リーグは着実に力を付け、毎年のようにプロ野球選手を輩出するまでになった。そのプロ野球ではもちろんだが、今や大学野球でも先発投手のローテーションはある程度守られており、1人の投手が毎試合連続して登板、完投する――などということはあまりない。しかし、仙六リーグ戦がスタートした当初からしばらくの間は2日、3日の連投は当たり前、中には足掛け3年間も1人で全試合に登板、完投するという信じられないケースもあった。

それをやってのけた投手が東北大にいた。1985（昭和60）年に卒業した**小野秀明**（仙台二高出）。64試合に連続して先発登板、完投するという鉄腕ぶりを発揮した。その記録は2012（平成24）年現在も破られていない。

仙六リーグ戦は1年間に春季（4―5月）と秋季（8―10月）の2シーズン、2回戦総当たり制で行われる。試合は土―月曜日にかけ同じチームと対戦、先に2勝したチームに勝ち点が与えられる。従って、1チーム毎週2―3試合行うことになり、1シーズンの試合数は最少で10試合、最大で15試合、年間にすると20―30試合になる計算だ。

右腕・小野の連続登板・完投記録がスタートしたのは、2年生時の82年春のリーグ戦で、福祉大との2回戦に登板して1―0で完封勝ちした。以来、同年秋、83年の春と秋、最上級生時の84年春、そして秋の福祉大戦までの64試合をすべて1人で投げ切った。うち完封は12試合、通算イニング数は566にも上った。84年春には自己最多の8勝を挙げ、東北大を76年以来8年ぶり3度目の準優勝に導いている。

178センチ、80キロの小野が成し遂げた連続登板・完投記録の陰には、日ごろの努力があった。『仙台六大学野球連盟40年史』（以下『連盟40年史』）の中で小野は次のように述べている。「入学してすぐの国立七大学戦で東大打線に14安打を浴びせられ、力の差を思い知らされました。その時の悔しさが根底にあったと思います。練習では1日に200―300球投げ込んだ後、約1時間半の走り込みをしたほか、握力強化やフィールディングもこなしました」。ハードな鍛錬でつくり上げられた鉄腕と、少々のことではへこたれない鋼鉄のような精神力が小野の投球の支えだった。

さらにこの連続登板は、マスコミに背中を押されて実現した記録でもあった。国公立の大学野球選手は、4年生になると就職活動や卒業論文の作成などのため部活動から身を引くのが通例だが、小野は「連続登板記録」に熱い視線を送る河北新報をはじめとするマスコミの取材の動きに、引退したくてもできない状況に追い込まれていた。

インパクトが強かったのは、NHKが84年の春と秋のリーグ戦を取材し、春秋2回にわたって午後9時からの『ニュース9』の中で「黙々と1人で投げ続ける鉄腕投手」として全国放送したこと。小野は当時の心境を「特に秋のリーグ戦は、マスコミが連投記録をにぎやかに報じるものだから引退することもできず、まるで阪神の**金本知憲選手**の連続フルイニング出場記録のような雰囲気の中で登板を続けました」(『連盟40年史』)と振り返る。また、河北新報に連載された『はたちの仙台六大学野球』(以下『はたちの仙六』)では、「(連続登板を)やり遂げたという燃焼感がありました。でも、やはり(仙六リーグで)一度は優勝したかったなあ」と語っている。

小野は4年間の大学野球でリーグ史上2人目となる33勝の最多勝利記録もマークしたが、それ以上に64試合連続登板・完投、566イニング連続登板という記録によって、「杜の都に仙台六大学野球あり」を全国に広めた功績は大きい。

仙六連盟監事の**熊谷直理**も小野の功績を認める一人。『連盟40年史』の中で「黙々と投球して強豪に挑む鉄腕投手。そんな話題が全国に放送され、仙六が注目された。さらに福祉大という野球の強い大学があることも知られ、後にプロの選手になる大魔神の**佐々木主浩**をはじめ、金本、

和田一浩という好選手が全国から相次いで入ってきた」と評価している。その福祉大は、小野が快記録を達成した84年秋から7年後の91（平成3）年に全日本選手権で優勝した。

ノーヒットノーランを2度達成
目黒利春投手（宮城教育大）

64試合連続登板・完投を記録した東北大の**小野秀明**が鉄腕投手なら、2度のノーヒットノーランを達成した宮教大の**目黒利春**（仙台一高出）はシャープな右腕と言えそうだ。

目黒は小野と同学年で、1981（昭和56）年に入学した。その年、チームは最下位の6位で、1年生ながら負けん気の強い目黒は悔しい思いをしていた。

目黒が最初にノーヒットノーランを達成したのは83年秋の工大戦だ。直前に行われた東北大―学院大戦で、小野が学院大を十三回2死まで無安打に抑える投球をしていた。その試合を見ていた目黒は「俺ならできる」と思ったと言う。迎えた自身の工大戦。右腕からの速球とカーブの配球が良く、2四球と1失策による走者を出しただけで、毎回の13三振を奪って完投、ノーヒットノーランを達成した。

2度目は84年春の東北大戦だった。相手投手は奇しくも連続登板記録を更新中の小野。目黒は一回に3四球を与えて2死満塁のピンチを招いたが、後続を三振に打ち取って切り抜けると、あとは失策による走者を2人出しただけで完投し、記録を達成した。

2度のノーヒットノーランについて目黒は、『連盟40年史』に「最初にノーヒットノーランをマークした工大戦は七回ぐらいまで相手打線をパーフェクトに抑え、緊張していました。しかし、その緊張をほぐしてくれたのは味方守備陣のエラーです。おかげでノーヒットノーランを達成できたのです。2回目はリーグ開幕戦ということで初回にバタバタして満塁のピンチを迎えました。でも、それを切り抜けると記録を意識しないままに九回になっていました。2度のノーヒットノーランはすごい記録だとは思いますが、これもチームの皆さんに支えられてできたことです」と記している。

目黒が仙六時代の投球で最も印象に残っているのは、実はノーヒットノーラン試合ではない。2年生になったばかりの82年春のリーグ開幕戦で福祉大と対戦した試合だという。目黒は後にプロ入りした福祉大のエース**長島哲郎投手**（仙台育英高出、ロッテ—東北楽天球団職員）と投げ合い、1—0でサヨナラ勝ちした。

当時の宮教大監督・**数見隆生**は「宮教大が福祉大に勝利したのは、あれ以降ないような気がします。あの試合は宮教大も六回までノーヒットに抑えられていたので、よく勝ったと思います」、相手の福祉大監督だった**菅本昭夫**も「目黒はすごく球が速くて、いい投手だった。だから目黒のいた宮教大は強かった」と、それぞれ『連盟40年史』の中で語っている。

目黒自身もこの福祉大戦を「宮教大にとっても大変重要で大きな自信をつかんだ試合でした。『(それ以降)俺たちにもやれるんじゃないか』とチームが一つにまとまった感じがしました」と振り返る。実際にこの春のリーグ戦で宮教大は3位に躍進、秋のリーグ戦では準優勝した。

ノーヒットノーランを2度達成したのは、目黒のほかにもう1人いる。福祉大の**児玉真二**(青森・光星学院高出)で、2001年(平成13)年春の仙台大戦、同年秋の東北大戦で達成した。

2試合連続、3度のノーヒットノーラン

佐藤　亘投手(仙台大)

仙六の歴史の中で、ノーヒットノーランを達成した投手は11人を数える。その中には**目黒利春**、**児玉真二**のように2度という投手もいるが、平成に入ってから1人で3度、しかもそのうちの2度は2試合連続で——というスーパー左腕も登場した。２００３（平成15）年に仙台大を卒業した**佐藤亘**（東陵高出）だ。

佐藤が最初にノーヒットノーランを達成したのは4年生時の02年春の東北大1回戦。河北新報によると「佐藤は1週間ほど前から風邪気味で体調は万全ではなかった」という。このため、スタートから打たせて取るピッチングを心掛けたが、投げているうちに球に切れが出てきた。最後の打者を１０５球目で二ゴロに仕留め、結局、四球と失策による走者をそれぞれ1人出しただけでリーグ史上12度目となるノーヒットノーランを達成した。

2度目は同年秋の工大2回戦で、春の東北大戦と同じく四球と失策の走者を各1人出しただけで完成させた。前回と違ったのは「体調が良かったので、三振を取って相手打線を抑える気持ち

で試合に臨んだ」（佐藤）ことだ。佐藤は終始強気のピッチングで押し通し、前回のノーヒットノーランで奪った7個を大幅に上回る13個の三振を奪って完勝した。

佐藤の快挙はさらに続く。中4日置いた東北大1回戦で、またもノーヒットノーランをマークした。リーグ史上初の2試合連続、しかも通算最多の3度という偉業だった。この試合では佐藤も認めるように、特に調子が良かったわけではない。むしろ前回の工大戦より悪い感じだったが、緩急をつけた切れのあるスライダーと打者の内外角を突く直球を効果的に使って相手打線をきりきり舞いさせた。終わってみれば工大戦でマークした13個を上回る毎回の15三振を奪い、2四球による走者を出しただけで投げ切った。

試合後、佐藤は「すごい（記録をつくった）と思いました。これは毎試合のことなんですが、とにかく丁寧に投げることだけを考えました」と語り、「バックに助けられての記録達成でした」と仲間に対する感謝の言葉で締めくくった。

仙六リーグのノーヒットノーラン達成投手

72年春	横田　一秀	宮教大、仙台二高出	1－0東北大
79年春	鈴木　和明	福祉大、岩手・水沢一高出	1－0学院大
同　秋	藤本　隆	仙台大、山形東高出	1－0宮教大
同	片平　崇之	工大、福島工高出	1－0東北大
83年秋	目黒　利春	宮教大、仙台一高出	5－0工　大
84年春	目黒　利春	同	2－0東北大
87年春	山田　勉	学院大、青森・木造高出	11－0仙台大
89年春	佐々木主浩	福祉大、東北高出	6－0仙台大
同　秋	吉田　太	福祉大、大阪高出	4－0東北大
01年春	児玉　真二	福祉大、青森・光星学院高出	5－0仙台大
同　秋	児玉　真二	同	2－0東北大
02年春	佐藤　亘	仙台大、東陵高出	2－0東北大
同　秋	佐藤　亘	同	3－0工　大
同	佐藤　亘	同	2－0東北大
08年秋	森山　一茂	福祉大、大分・楊志館高出	6－0東北大

（仙台六大学野球連盟事務局調べ）

福祉大の不敗神話を覆した左腕

山田　勉投手（東北学院大）

1982（昭和57）年の秋以来、12季連続で仙六リーグ戦を制していた福祉大の〝不敗神話〟が、88年秋のリーグ戦で覆った。その立役者が学院大の左のエース**山田勉**（青森・木造高出）だ。同秋季リーグ戦の学院大は、福祉大と対戦する前までに仙台大と工大にそれぞれ1敗して苦境に立っていた。優勝するには福祉大戦で2勝して勝ち点を挙げたうえ、日程の都合で後回しになった工大との3回戦にも勝つことが条件だった。しかも、相手の福祉大は前年と、この年の6月の全日本選手権で連続準優勝した強豪だった。

福祉大との1回戦は、当然のことながら山田が登板した。山田にとっては大学最後の福祉大戦だ。しかし、結果は0—4で完敗、福祉大に13季連続優勝の王手をかけられた。エースで初戦を落としたのだから絶体絶命のピンチ。ところが天が学院大に味方をしたのか、翌日に行われる予定の2回戦が雨で2日間も順延になった。

学院大は2日延びた2回戦で、再びエースを登板させた。この日の山田の調子は球が走らず調子はいまひとつだったが、配球に注意しながら投げて強力打線の福祉大につけ入るスキを与えず、一回に味方が挙げた1点を守り切って完封した。

続く3回戦。当時の学院大・**菅原清監督**は「勝つにしても負けるにしても山田しかいない」とエースにチームの命運を託し、三度、山田をマウンドに送った。山田は期待に応え、福祉大に7安打されながらも粘り強い投球で2失点にとどめた。エースの踏ん張りに味方打線も奮起、二回に**小山武夫**（気仙沼高出）が先制の2点本塁打、五回に**小山国博**（同）が適時三塁打を放つなどして援護し、4—2で勝って勝ち点を挙げた。

しかし、これで学院大の優勝が決まったわけではない。13シーズンぶりの優勝には、日程の都合で後回しになっていた工大との3回戦にも勝たなければならない。山田は工大戦にも登板して3—1と勝利投手となり、大学野球最初で最後の優勝胴上げを体験する一方、4年間の通算勝利数を30とした。当時の30勝はリーグ歴代3位だった。

『連盟40年史』に寄せた手記によると、山田は「高校で野球をしていたので、大学でもやりたかった。それで学院大に入った」という。入学当時の仙六は、福祉大の独壇場だった。それだけに他大学の目標は「福祉大を破ってリーグを制覇、全国大会に出場すること」。その夢の半分を、山田は大学最後のシーズンで実現した。「結果はどうあれ、悔いの残らない戦いをしたいと無欲で臨んだことが、結果的に勝利につながったのかもしれません」（『連盟40年史』）。

13季ぶりにリーグを制した学院大は、明治神宮野球大会（以下明治神宮大会）への出場権を懸けた北部地区代表決定戦で富士大に連敗、山田ら部員が最終目標にしていた全国大会出場は果たせなかった（同年の明治神宮大会は昭和天皇のご病状悪化のため中止）。

仙六から初のプロ入り
長島哲郎投手（東北福祉大）

朝野球チームで野球に目覚めて福祉大に入り、仙六リーグで活躍した投手が、1982（昭和57）年秋のプロ野球ドラフト会議でロッテから3位指名されて入団した。仙台育英高出身の**長島哲郎**。仙六リーグ発足後、初のプロ野球選手だった。しかも高校時代は書道部所属という異色のプレーヤーでもあった。

長島と書道部との出合いを、当時の福祉大監督・**菅本昭夫**は『連盟40年史』で「私がその理由を聞いたところ『高校の部活で一番楽なのが書道部だったから』と言っていた」と明かしている。とは言え、長島は子供のころからの野球好きで、中学時代には外野手、大学受験浪人中は仙台市内の早起き野球チームに加わって投手をしていた。

長島が野球に目覚めたのは、実はこの早起き野球だったようだ。長島の福祉大入学時の河北新報は「軟式のエース　華麗なる転身」の見出しで、「182センチの長身から繰り出す速球は威力十分で、登板する度に三振の山を築き、チームを後期シーズンのブロック優勝に導いてしまった。これで、中学時代に体が小さくてあきらめていた野球への情熱が復活、『大学でも……』という気を起こさせた」と報じている。また、新人・長島の投球フォームを見た菅本は「いいセンスしてますね。体も柔らかいし、手首も強い。野球をやっていなかったなんて思えないほどですよ」と称賛した。

しかし、長島は当初、高校時代に硬式野球をみっちりやってきた同僚や先輩に付いていくのが精いっぱい。河北新報の取材に「ランニングでもみんなが10周目の時に私は8周目あたり。きつかったがやるからにはあきらめずに4年間やろう、と思っていました」と語っている。

長島が活躍し始めたのは3年生の81年春からだ。エースだった1年先輩の**鈴木和明投手**（岩手・水沢一高出）が不調だったため、長島に先発登板のチャンスが巡ってきた。初先発は宮教大との2回戦。威力のある速球を武器に7回を1安打に抑え、味方打線の援護もあってコールド勝ちした。これをきっかけにローテーション入りし、優勝を懸けた仙台大戦では1敗した後の2、

3回戦に登板して完投、チームを優勝に導いた。長島はこの春季リーグ戦で5勝、秋季リーグ戦で7勝を挙げ、それぞれ最優秀選手に選ばれた。

福祉大は秋季リーグ戦後の北部地区代表決定戦で秋田経済大（現・秋田経法大）を破って明治神宮大会に出場、1回戦で強力打線の近畿大と対戦した。試合は0―1で惜敗したが、先発して完投した長島は相手打線を2安打に抑える好投を見せ、全国の野球関係者に「福祉大に長島あり」を印象付けた。

4年生になった82年春の仙六リーグ戦には、プロのスカウトの姿が目立つようになった。同年春は調子が悪く、球威はいまひとつだった長島だが、それでも6勝して最優秀投手となり、秋は仙台大戦で17三振を奪うなど5勝してチームの優勝に貢献し、最優秀選手に選ばれた。

その後、仙六出身の第1号プロ野球選手としてロッテに入団した長島だが、プロの世界は厳しかった。6年間ロッテに在籍したものの、マウンドに立ったのは10試合だけ。結局は1勝もできないまま88年に現役を引退、その後はロッテの打撃投手、スコアラーなどを務め、2012（平成24）年現在は東北楽天の球団職員として選手の活躍を舞台裏で支えている。

最多33勝へ1番乗り

横田一秀投手(宮城教育大)

仙六リーグの投手通算最多勝利数は2011(平成23)年現在で33。この記録をマークした投手は3人いる。宮教大の**横田一秀**(仙台二高出)、東北大の**小野秀明**(同)、学院大の**阿部博文**(利府高出)で、このうち最初に記録したのは横田だった。

横田が宮教大に入学したのは1971(昭和46)年だ。高校時代に投手兼内野手だった経験を買われ、入学間もない春のリーグ戦で、学院大との1回戦の途中から投手で起用された。しかし、結果は散々だった。横田は当時を『連盟40年史』の中で次のように記す。

「1年の春は肩が痛くて満足にボールを投げられる状態ではなかった。やむを得ずサイドスローでごまかしピッチングをすることにした。もちろんそんなものは通じるはずもなく、期待していた先輩たちに迷惑を掛けるハメになった。かつて投げられていた速球を投げられないほど惨めなことはなかった」。横田が同リーグ戦で登板したのは4試合。目立った活躍はできなかった。

横田が実力を発揮し始めたのは同年の秋季リーグ戦だ。全10試合のうち9試合に登板して4勝を挙げ、春に5位だったチームを4位に引き上げる原動力になった。強靭な足腰をつくるため徹底的に走り込んだことが実を結んだ。「自宅から大学までの約8・5キロを自転車で通った。自宅から5キロまでの道は平坦だが、残り3・5キロは青葉山のきつい上りだった。夏の合宿の際はバッティング投手を買って出て、部員全員に打ってもらうことで持久力をつけた。500球ぐらいは投げただろうか。さすがに終わった後は気持ちが悪くなり、吐きそうになった」（横田）。

横田の走り込む姿は、当時の工大監督・**廣野牧雄**もよく見掛けており、『はたちの仙六』で「2年生になったら、怖い投手になると思った」と語っている。その予想通り2年生になった横田の速球は威力を増し、72年春の東北大との1回戦で、リーグ初のノーヒットノーランを達成した。内野守備陣が5失策と乱れたが、12三振を奪い、1―0で勝利した。横田はこの春6勝を挙げ、チームをAクラスの3位に、秋は準優勝に導いた。

73年春の横田は連戦連投。奪三振100を超える力投を見せたものの、チームは3位にとどまった。秋は1回戦総当たり制で行われ、宮教大は4試合を終えた時点で3勝1敗。学院大と並び初優勝に手が届く位置に付けた。迎えた福祉大との最終戦は延長戦となったが、十一回に失策絡みで1点を奪われ、悲願の優勝は成らなかった。4年生時の74年春は15試合を1人で投げ切り、8勝7敗の成績を残したが、チームは3位。横田の4年間の通算勝利数はリーグ史上最多の33だった。

宮教大を卒業した横田は高校教員になり、母校の仙台二高や仙台向山高などで監督を務めた。退職時の２０１２（平成24）年春、日本高校野球連盟から「高校野球の振興と育成に功労があった」として育成功労賞を贈られ、７月には全国高校野球選手権宮城大会の開会式後の始球式で投手を務め、学生時代をほうふつさせる見事な投球を披露した。

３人目は本格派右腕

阿部博文投手（東北学院大）

学院大の**阿部博文**がリーグ通算最多タイとなる33勝をマークしたのは、２０１０（平成22）年秋の宮教大との１回戦だ。先発の阿部はこの試合で１４０キロ台の速球と切れの鋭いスライダーを低めに決め、自ら試合後に「完全試合を狙っていた」と言うほど順調な滑り出しを見せた。六回まで相手打線を１安打に抑えて降板したが、試合は学院大が10―０で七回コールド勝ちし、通算33勝目を挙げた。

阿部は181センチ、77キロの本格派右腕。恵まれた体から繰り出す直球は最速145キロを計測、1年生の秋から投手陣のローテーションに入った。投球フォームで悩み、低迷した時期もあったが、胸を張って体全体で投げる新しいフォームを固めたことから、4年生の10年春ごろから制球力と球威がアップした。

阿部は、33勝をマークした試合直後に仙六連盟にプロ野球への志望を届けた。しかし、同年11月に行われたドラフト会議では指名されず、翌11年春に社会人野球の七十七銀行入りした。

仙六リーグの通算勝利数上位投手

33勝	横田　一秀	宮教大、仙台二高出
同	小野　秀明	東北大、仙台二高出
同	阿部　博文	学院大、利府高出
30勝	山田　　勉	学院大、青森・木造高出
28勝	蛭子井清樹	東北大、北海道・函館ラサール高出
27勝	鈴木　和明	福祉大、岩手・水沢一高出
26勝	浜野　光一	宮教大、石巻高出
同	藤本　　隆	仙台大、山形東高出
24勝	大倉　浩悦	福祉大、秋田・能代高出
同	伊藤　弘行	仙台大、北海道・札幌琴似高出
23勝	長島　哲郎	福祉大、仙台育英高出
同	岸　　孝之	学院大、名取北高出
22勝	菊地　　真	工大、名取北高出
21勝	及川　博俊	東北大、仙台二高出
同	石村　浩司	福祉大、神奈川・桐光学園高出
同	三田　順一	学院大、仙台三高出
同	加賀谷　渉	仙台大、秋田・能代高出

（仙台六大学野球連盟事務局調べ）

打撃の3冠王

相澤房年内野手（東北大）
結城充弘外野手、塩川達也内野手（東北福祉大）

仙六リーグで3冠王に輝いた選手は3人いる。最初は1980（昭和55）年春の東北大・**相澤房年内野手**（青森・弘前高出）、2番目と3番目はいずれも福祉大の選手で、98（平成10）年秋に**結城充弘外野手**（大阪・北陽高出）、2002年秋に**塩川達也内野手**（兵庫・神戸国際大付高出）がそれぞれ獲得した。

相澤が3冠王になったシーズンに東北大は5位と低迷した。4年生で主将の相澤は全11試合に出場、打率4割6分3厘、14打点、4本塁打を記録してリーグ史上初の3冠王となった。まさに孤軍奮闘の活躍だった。

相澤の東北大入学は1977年。「野球への情熱は誰にも負けない」と意気込んでの入部で、1年生からレギュラー入りした。しかし、チームはBクラスに低迷、明治神宮大会に出場した経験のある大先輩から「同好会じゃないんだよ！」と叱咤激励され、「悔しい思いをした」と言う。また、3年生の秋の相澤は20打席連続無安打という不名誉な記録をつくり、チームも最下位の6位に転落した。そんな悔しい最悪の状態からはい上がることができたのは、やはり厳しい練習だった。冬場の筋力トレーニングを積極的に行い、80年春のリーグ戦を迎えた。

その時の心境を相澤は、河北新報に「前のシーズンに20打席無安打という不振が続いたので、燃えていました。最初の試合でタイムリー二塁打を打ってから波に乗れたようです」と語り、『連盟40年史』では「厳しい練習と監督の指導や助言が力になり、3冠王につながったと信じています。それにしても、あらためて今見てみると、自分でもよく打ったなあと思います」と振り返っている。

結城は2年生時に打率6割6分7厘、16打点、3本塁打で3冠王に輝いた。特筆されるのは打率。これはリーグ歴代最高で、2011年現在破られていない。卒業後、プロ入りしたかった結城だが、ドラフト会議で指名はなく、社会人野球の名門・東芝に入社した。東芝では中心選手として活躍、主将も務めた。

3人目の塩川も2年生時に獲得した。打撃成績は打率5割、13打点、3本塁打。塩川はこのほか、**宮内健次**（学院大、仙台育英高出）、**菊地真吾**（東北大、仙台二高出）とタイの5盗塁で盗塁王にも輝いた。

塩川は01年に福祉大入学。2年生の春から遊撃手、三塁手としてレギュラーに抜擢され、3冠王のほかベストナインに6度選ばれた。4年生時の04年には主将を務め、同年の全日本選手権でチームを日本一に導いた。直後に行われた日米大学野球選手権大会では日本代表選手に選抜されて主将を務めている。その後のドラフト会議で東北楽天から5位指名され、入団した。

初の女性プレーヤー

橘田　恵内野手(仙台大)

仙六リーグ創設から31年目の2001(平成13)年春、初めて女性選手が誕生した。兵庫県の小野高を卒業して仙台大の体育学科に入学した**橘田恵**。同大硬式野球部に入部すると同時に全日本大学野球連盟に登録され、それから約5ヵ月後の秋季新人戦に二塁手として先発出場し、安定した守備を見せた。

橘田は兵庫県三木市出身。小学1年生時に神戸市にある女子の軟式チームに入って野球を始めた。4、5年生時には2年連続で全日本女子軟式野球選手権大会に出場、準優勝という輝かしい成績を残した。中学ではソフトボール部と軟式野球部に兼入部し、高校では硬式野球部に籍を置いた。「籍を置いた」のは、女子は正部員にはなれない規則があったからで、「練習にだけ参加する」という条件付きで所属し、男子部員と同じ練習をこなした。

仙台大への進学は「将来スポーツ系の職種に就きたい」という目標があったのと、女性でも硬式野球部に入部できる可能性があったからだという。その見込み通り、橋田は硬式野球部への入部を認められ、入部からわずか5ヵ月後の8月24日、東北福祉大球場で行われた秋季新人戦1回戦の宮教大戦で、右投げ右打ちの「9番・二塁手」として先発出場した。

橋田が**奥野実監督**から先発出場を告げられたのは、試合開始直前。シートノックでは足がガクガクするほど緊張したが、ゲームが始まってからは意外と冷静になれたという。橋田の見せ場はすぐに訪れた。守備に就いた初回裏、宮教大の先頭打者の打球は二塁ゴロ。155㌢の小柄な体に背番号「47」を付けた橋田は、軽快なフットワークでしっかりと捕球し一塁へ送球した。アウト。その瞬間、味方ベンチが大いに沸いた。

打撃の見せ場は、2—0とリードした二回表の1死一塁だった。大学での公式戦初打席。ワンボール後の2球目、外角高めの直球を逆らわずに流し打ちし、右前安打にした。四回表無死一塁の第2打席ではサイン通り送りバントを投前に決め、次打者につないだ。

橋田は四回限りでベンチに退いたが、試合後「野球って本当に楽しいんだってことをあらためて思った。きっと一生忘れられない日になると思う」と瞳を輝かせながら初出場の喜びを語った。その橋田を奥野監督は「きょうは満点。守備に期待して起用したが、打撃も含めて予想以上のプレーをしてくれた」と褒めちぎった。

橋田の仙六での出場はこの宮教大戦だけだが、02年12月にオーストラリアで行われた女子の世界大会には日本代表として出場、盗塁王となってチームの3位入賞に貢献している。4年生時の04年秋、仙台大の硬式野球部を引退して単身オーストラリアへ渡り、日本人女子として初めて女子硬式野球リーグの強豪・スプリングバル・ライオンズに所属した。05年には、米国と並んで世界最高峰といわれる全豪女子野球大会にヴィクトリア州代表の「1番・ショート」として全試合に出場、6割という高打率をマークしてMVPに輝いた。

橋田は06年4月に帰国し、埼玉県の花咲徳栄高の保健体育の教員となって女子硬式野球部コーチに就任した。08年4月に宮崎県の南九州短大に移り、女子硬式野球部のコーチ、監督を務めた後、12年に大阪府茨木市にある履正社医療スポーツ専門学校女子硬式野球のクラブチーム「レクトヴィーナス」の監督に就任した。

仙六リーグ戦にデビューしてから11年。橋田は当時について「鮮明に覚えています。あれは一生忘れられません。特に今でも思い出すのは、一緒に野球部に入った男子1年生部員が、私のプレーする姿を見て涙を流したことです。私にはそう見えたのですが、胸に迫るものを感じました」と語る。さらに「日本にもプロの女子リーグが誕生するなど、私が仙台大で野球をやった当時と比べると、大きく変わりました。今後、野球をする女性はどんどん増えるでしょう。私は今、中学生から24歳の専門学校生までが所属するチームで監督をしていますが、皆さん本当に真剣です。中には将来、指導者になりたいという部員もいますので、楽しみです」と女性の野球環境の変化を指摘した。

全国から選手集め「日本一になるチーム」づくり

光星学院高・仲井宗基監督、金沢成奉総監督（東北福祉大OB）

2012（平成24）年春の第84回選抜高校野球大会に東北地区から光星学院高（青森）、花巻東高（岩手）、石巻工高、聖光学院高（福島）の4校が出場した。残念ながら紫紺の大旗の白河の関越えはまたも夢に終わったが、光星学院が準優勝、聖光学院が初戦突破するなど、東北の実力を全国に示した。この両校を指揮したのはいずれも仙台六大学野球ＯＢだった。

光星学院高は、前年夏の第93回全国高校野球選手権大会に続く甲子園準優勝。１９８４（昭和59）年春夏のＰＬ学園高（大阪）以来となる２季連続準優勝で、東日本大震災からの復興に取り組む東北の人たちに勇気と希望を与えた。その光星学院高の指導者は、東北福祉大野球部の先輩、後輩に当たる**金沢成奉**と**仲井宗基**だ。同じ大阪府出身で４歳違いの２人は、大学卒業後にそれぞれ光星学院に赴き、監督とコーチ、その後は総監督と監督として長年「日本一」を目指して力を合わせてきた。

先輩・金沢は太成高（大阪）から東北福祉大に進んで二塁手としてプレーし、同大コーチを経て95年に光星学院の監督に就いた。その後、２０００年夏に４強入りするなど春夏合わせて８度の甲子園出場を果たし、同校を東北屈指の強豪に育て上げた。後を追ったのが後輩・仲井。桜宮高（大阪）―東北福祉大を経て光星学院のコーチに就き、17年間にわたってコーチと部長を務めた後、10年春に金沢の後任監督となった。

金沢―仲井コンビが「日本一になるチーム」をつくるため尽力した一つが、全国から選手を集めること。それまでは地元選手とのバランスも考えていたという当時監督の金沢は、「本気で全国制覇を目指すには、選手を集めなければならない」と積極的な強化にかじを切り、各地を回って勧誘を続けた。厳しい視線も浴びたが、その最初の大きな成果が11年夏の全国選手権大会準優勝。ベンチ入りしたメンバーは大阪の中学出身者が10人、沖縄、東京が各2人、和歌山が1人、地元出身者は3人だけだった。翌年春のセンバツ準優勝チームの3年生はその強化策最後の世代だ。センバツのメンバーは大阪出身者が7人、地元青森が4人で、これに岩手、宮城を含めた東北出身者は8人だった。

技術面の指導改革にも努めた。最も重視したのは攻撃力。冬場の筋力トレーニングと連日の素振りで鍛え上げた体で、振り切る打撃を心掛けた。全国の強豪校のほかプロや社会人野球にもヒントを求め、それを基にした改革策を実践した。打撃投手がマウンドの3―5メートル手前から投げる球を打つ「近距離バッティング」はその一つだった。地元以外の選手の多少にかかわらず、選手を鍛え上げ、チームを強くするのは指導者の手腕だ。「いい選手を見つけても、青森に来てもらうだけでひと苦労。そこから伸ばすのはもっと大変だったはずだ」。光星学院の11年夏の甲子園準優勝時、金沢、仲井の東北福祉大時代の恩師・**菅本昭夫**（当時総監督）も自らの経験と重ね合わせながらこう語っている。菅本は2人を「野球を強くしたい」という光星学院側からの要請を受けて送り込んでいた。

1915（大正4）年夏の秋田中から2012年春の光星学院まで、春夏合わせて9度挑戦しながら東北の球児が果たせなかった甲子園での優勝。仲井はセンバツで準優勝に終わった時、「東北初の優勝校は、うちでありたい」と強調した。

そして迎えた12年夏の第94回全国高校野球選手権大会。センバツとほぼ同様のメンバーで甲子園に臨んだ光星学院は、**北條史也遊撃手**、**田村龍弘捕手**らの強力打線で勝ち上がり、3季連続の決勝進出を果たした。大阪桐蔭高（大阪）との決勝は史上初めて2季連続で同じ対戦だった。「10度目の今度こそ東北初の優勝を」と意気込んだ光星学院だったが、大阪桐蔭の197センチの長身右腕・**藤浪晋太郎投手**に抑え込まれ、0—3で敗退。またも大優勝旗の白河の関越えはならなかった。

決勝戦終了後、仲井は「今大会は厳しい相手との戦いに勝ち残っての準優勝であり、価値がある」と選手たちを称えたものの、「まだまだ力が足りなかった。細かいところでバントができず、エラーも出た。そういうほころびが出てしまうと、大一番では勝たせてもらえない。そういう点を鍛え直さないといけない」と振り返った。

一方、総監督の金沢は、この夏の甲子園を最後に光星学院を去り、「自分の培ってきた打撃理論がどこまで通用するか試したかった」と、9月1日付で茨城県日立市の私立・明秀学園日立高の監督に就任した。

光星学院と宮城とのつながりでは、姉妹校・光星学院野辺地西高（青森）の監督を07年から務めていたのが仙台高OBの**鈴木直勝**（12年5月死去）だ。鈴木は上智大を経て社会人野球の三協精機、日通浦和で投手として活躍し、1985（昭和60）年から15年間、母校・仙台高の監督。

この間の98年夏に**丹野祐樹投手**（後にヤクルト）を擁して甲子園初出場を果たした。

就任13年目で甲子園出場12度

聖光学院高・斎藤智也監督（仙台大ＯＢ）

福島県のみならず今や東北地区の強豪校となった聖光学院高。２０１２年の選抜高校野球大会では、石巻市門脇中出身の**岡野祐一郎投手**を擁して春の甲子園初勝利を挙げ、２回戦まで進んだ。チームを率いたのは**斎藤智也**。監督に就任して13年目になる。

福島市出身の斎藤は福島高で投手、仙台大では右翼手としてプレーした。大学卒業後は聖光学院の野球部長などを経て、１９９９年9月に監督に就いた。以来、甲子園には夏8度、春3度出場し、08年と10年の夏の全国高校選手権大会ではチームをベスト8に導いている。また近年は聖光学院が中心になり、各校の控えチームによるリーグを設け、「東北地区全体での底上げ」も図る。同校のエースとなった岡野も控えチームの出身だった。

斎藤監督の聖光学院は、12年のセンバツ後に開かれた第59回春季東北地区高校野球大会で2大会連続2度目の優勝を果たした。その準決勝では、前年秋の東北大会決勝で敗れた光星学院に雪辱した。優勝を決めた後の新聞インタビューで、斎藤は「センバツ準優勝校の牙城を崩したと言ったら失礼かもしれないが、より強くなるうえで必要な一つのステップを踏めた。あの勝利で得たものは大きい」と語っている。

ステップアップした聖光学院はその後、斎藤にとって夏の甲子園9度目となる第94回全国高校野球選手権大会に出場し、1回戦で前年優勝の日大三高（西東京）を下したが、2回戦で浦和学院高（埼玉）に敗れた。光星学院の仲井と同じく、甲子園制覇へ斎藤の挑戦は続く。

高校野球の監督として甲子園の土を踏んだ仙台大OBには、2011年夏に大崎地区から初の甲子園出場を果たした古川工高の**間橋康生**がいる。間橋は柴田高卒。仙台大から東京の社会人野球チームを経て教員となり、若柳中、古川工の監督を歴任して甲子園の切符を手にした。

東北勢の甲子園決勝

1915年夏	秋田中（秋田）●1－2　京都二中（京都）
1969年夏	三沢（青森）●2－4　松山商（愛媛）
1971年夏	磐城（福島）●0－1　桐蔭学園（神奈川）
1989年夏	仙台育英（宮城）●0－2　帝京（東東京）
2001年春	仙台育英（宮城）●6－7　常総学院（茨城）
2003年夏	東北（宮城）●2－4　常総学院（茨城）
2009年春	花巻東（岩手）●0－1　清峰（長崎）
2011年夏	光星学院（青森）●0－11　日大三（西東京）
2012年春	光星学院（青森）●3－7　大阪桐蔭（大阪）
2012年夏	光星学院（青森）●0－3　大阪桐蔭（大阪）

※1969年は引き分け再試合による

熱血指導で初の大学日本一

伊藤義博監督（東北福祉大）

「大学の時は心配ばかりお掛けした。一昨年のオフに帰国した時にお会いしたのが最後でした」（当時米大リーグでストッパーとして活躍していた大魔神こと**佐々木主浩投手**）。「2年生の秋に内野手の私を投手に転向させてくれた。今、こうしていられるのは監督のおかげだと思います」（当時横浜に所属していた**斎藤隆投手**）。1991（平成3）年の全日本大学野球選手権で東北福祉大を初優勝に導いた**伊藤義博監督**が、2002（同14）年8月1日、白石市の病院で呼吸不全のため死去した。享年56。佐々木と斎藤は、河北新報紙上でそれぞれ恩師の死を悼んだ。

伊藤は1945（昭和20）年、大阪市生まれ。投手として大阪市立桜宮高から芝浦工大に進んだが、大学時代は〝1軍半〟だったという。卒業後は東京都内の印刷会社に就職したほか、大阪では喫茶店のマスターも経験しており、いわゆる野球エリートではなかった。

その伊藤が再び野球とかかわったのは母校・桜宮高の監督に迎えられた73年からだ。当時、大阪の高校球界は**桑田真澄投手**（巨人―大リーグ）、**清原和博内野手**（西武―巨人―オリックス）

を擁するＰＬ学園高を頂点とする私立全盛時代だった。しかし、傑出した選手がいない公立校・桜宮高の監督に就任した伊藤は、基本を重視しチームの総合力を高める練習を取り入れ、82年春には同校を選抜高校野球大会に導いて〝公立校旋風〟を巻き起こした。

福祉大の監督に就任したのは84年10月。桜宮高での指導力を認められての招請だった。伊藤は監督に就任するやいなや全部員を集め「地方の大学だからといって尻込みするな。神宮（全国大会）に出られる力はあるのだから、中央の大学にひと泡吹かせる気持ちで練習、試合に挑め」と訓示した。そこには、部員内にある中央に対する精神的コンプレックスを払拭する狙いがあった。伊藤が監督に就任する前までの福祉大は、仙六リーグ戦優勝、北部地区代表決定戦などを経て全日本選手権、明治神宮大会にコマを進めても初戦で敗退するのが常だったからだ。

前任の**菅本昭夫監督**からチームを引き継いだ伊藤は、夕食後に夜の街へ遊びに行く選手たちを呼び止め、付きっきりで素振りなどの指導に当たる一方、「一人の社会人として恥ずかしくない人間に……」と礼儀作法やあいさつなどを徹底させた。しかし、それは型にはめるだけの指導ではなかった。プロ球界のアニキとして活躍している**金本知憲外野手**が、亡くなった伊藤を思い出し「『教えすぎると個性をなくす』と、いいところを見つけそこを伸ばしてくれた」と述懐するように、選手一人ひとりの素質、個性に合った指導を心掛けていた。

伊藤のこうした指導は徐々に部員の心、練習態度にも浸透し、その効果は翌85年春のシーズンに早くも現れた。春季リーグ戦を10戦全勝で制した福祉大は、6月の全日本選手権に出場、1回戦で関東学院大と対戦した。同大とは前年のこの大会でも1回戦で当たり、延長十回に6―7でサヨナラ負けを喫していた。

雪辱戦となった試合では、先発に桜宮高での教え子だった**上岡良一投手**（現・東北楽天球団スカウト、福祉大―日本ハム）を抜擢するなど、リーグ戦で活躍した1年生を6人も起用した。「上級生だけだと前年と同じ結果になるのではと思い、怖いもの知らずの1年生に懸けてみたんです」。伊藤が試合後に語ったように、その作戦はずばりと当たり6―4で関東学院大を下し、神宮球場での全国大会で初勝利した。2回戦は九州東海大に2―3で敗れたが、伊藤はそれから数年後、「神宮で勝てるチームにするには3、4年は掛かると思っていました。あんなに早く勝てるなんて……」と振り返っている。

全国大会でのこの1勝は、福祉大の部員らに大きな自信を植え付けた。伊藤が率いる福祉大は87、88、90年と全日本選手権で決勝へ進出、優勝は逃したものの全国の大学野球関係者に「東北に福祉大あり」を強烈に印象付けた。

そして迎えた91（平成3）年6月の全日本選手権。福祉大は初戦の2回戦で愛知学院大を5―1、準々決勝で仏教大を4―0、準決勝で九州国際大を4―0で破り、伊藤監督の下で4度目の決勝進出を果たした。対戦校は3度目の全国制覇を狙う関西大だった。

福祉大は四回裏に2点を先取されたが、その直後の五回表に2点を返して追い付いた。その後は投手戦となり、延長戦に突入した。その時、伊藤の脳裏にチラリと「やっぱり自分には運がないのか」との思いがよぎったという。

試合の決着がついたのは十七回だ。先発・斎藤隆の後を引き継いで五回から登板し、関西大打線を完ぺきに抑えていた**作山和英**（福島・学法石川高出、福祉大－ダイエー）の安打がきっかけだった。福祉大は、好機に左手首の剥離骨折を隠して出場した金本の2点適時打で勝ち越し、その裏の相手の攻撃をきっちり抑え、4－2で念願の初優勝を果たした。

初Vのこの年、秋の明治神宮大会はベスト4に終わったが、その後のドラフト会議では、金本（広島4位）、作山（ダイエー2位）、斎藤（大洋1位）、**伊藤博康外野手**（巨人4位、福島・学法石川高出）、**浜名千広内野手**（ダイエー3位、東京・国士舘高出）の5人が指名され、プロ入りした。同一チームから5人が指名されたのは1977（昭和52）年の法政大と並んで過去最多だった。

伊藤の福祉大が勝ち取ったのは大学野球日本一の栄冠だけではなかった。その年の東北の文化に多大な功績があった団体・個人に贈られる河北文化賞（河北新報社と東北放送の共催）も受賞した。翌92年1月17日の河北新報創刊記念日、福祉大硬式野球部は「大学野球で日本一になり、東北のスポーツ界に希望を与えた」として表彰された。

遂に大学野球の頂点に立った福祉大だが、指導者・伊藤に慢心はなかった。受賞式直前の10日から、さらなる進歩を目指して厳しい練習を再開、仙六リーグの連覇はもちろん、全日本選手権、明治神宮大会にもコマを進め、上位の成績を残した。そんな伊藤が体の不調を訴えて入院したのは2000年の晩秋だった。4週間後には退院、再びチームの指揮を執ったが、02年8月1日、遂に帰らぬ人となった。

監督在任は18年。この間、佐々木主浩ら29人をプロ球界に送り出したほか、高校、大学で監督やコーチとして指揮する人材や、社会人野球で活躍する選手らを数多く育てた。伊藤のその功績は、福祉大を全日本選手権でV1に導いた以上に大きいと言える。

リーグ生みの親

神吉寛一部長・橘輝夫マネジャー(東北大)

話は前後するが、福祉大を日本一に導き、「仙六」の存在を全国に知らしめたのが**伊藤義博監**

督なら、そこに至るまでの仙六の基礎づくりは、加盟大学の教授、監督、学生らが担い、血の滲むような努力でリーグを軌道に乗せた。その先頭に立ったのが連盟設立時に東北大硬式野球部部長だった**神吉寛一**と、同部マネジャーの**橘輝夫**だった。

連盟が設立されたのは1970（昭和45）年2月だが、神吉が設立に乗り出したのは前年の秋。顔面ヒゲだらけの名物マネジャーとして知られていた〝ヒゲの橘〟が、神吉に一つの計画をぶつけてきた。「先生、中央に追い付くためにも仙台地区に大学野球のリーグをつくりましょう」というものだった。

当時、仙台地区の大学は、東北地方の大学が集まって組織していた北部地区大学野球連盟に加盟していた。だから神吉は橘の話を聞いた時、「北部地区の中に新しい連盟をつくるのは大変だ」と思った。その一方で、これまでのように6県の大学が集まってトーナメントを行い、優勝校を全日本選手権に送り出す方法では、試合数も少なくレベルアップにはならないとも感じていた。「中央に追い付くためにも仙台地区の大学のチームによるリーグ戦が必要だ」と力説する橘に、神吉も腹を決め、「仙台六大学野球連盟」の結成に向けて動き出した。

しかし、この仙六連盟設立構想に対し、北部地区連盟の宮城以外の他県大学からは「北部地区から仙台地区の大学だけが独立して新しい組織をつくるなどということは、許されることではない」と強い反発の声が上がった。それを真正面から受け止め、他県大学との交渉に当たったのが橘だった。橘はそのいきさつを『連盟40年史』に次のように記している。

時は1969年9月。仙台六大学設立に当たっての北部地区大学連盟の分割についての話し合いは、秋田市千秋公園近くの秋田大主将のアパートで行われた。膝詰め談判の相手は、仙台地区大学の独立に一番強硬に反対している秋田大の主将とマネジャー。「仙台地区の分離によって、自分たちはより一層、野球僻地になってしまう」と主張して譲らない彼らの心を解きほぐすため、千秋公園を散歩しながら交渉を続ける。そして、（橘は）「君らの気持ちは十分理解できる。幸い東北地区総合体育大会があるではないか。分離後も仙台地区大学は最優先で総体出場を約束する」と彼らの心に寄り添う。最後は、お互いの胸の内を思いやり、ほろ苦い酒を飲み交わしての、大人の合意でした。

最大の難問を片付けた2人は、仙六連盟設立に向けて本格的に動き出す。神吉は連盟の運営費を確保するため、当時の学院大野球部長の**情野鉄男**らとともに宮城県や仙台市、企業などを回り、寄付金を集めた。橘は連盟の規約づくりやリーグ戦の運営方法などを調査するため、全日本大学野球連盟などの関係団体を走り回った。

仙六連盟は翌年2月、東北大、宮教大、学院大、工大、仙台大、福祉大の6校が加盟、理事長

に神吉、副理事長に情野を選出して設立され、4月からリーグ戦がスタートした。当時を知る東北大硬式野球部OB会事務局長の**熊谷直理**（仙六連盟監事）、元学院大野球部副部長の**稲垣弘輔**（同）、元福祉大監督の**菅本昭夫**（同事務局長）らは『連盟40年史』の座談会の中で「連盟設立に懸けた神吉さんと橘さんの情熱はすさまじかった」「ヒゲの橘さんは神吉さんの手足となって働いた」「慎重な神吉さんを動かしたのは橘さんだ。橘さんの存在なくして草創期の仙六は語れない」などと口々に神吉と橘の功績を語った。

神吉は大阪の堺中学（現・三国丘高）時代に遊撃手として甲子園出場、旧制三高（京都）でも活躍した球歴を持つ。終戦直後の46年に東北大科学計測研究所の助手として入り、56年に同大野球部の監督を1年間務めた。この時、全日本選手権に出場し、**村山実投手**（兵庫・住友工高＝現・尼崎双星高出、阪神―阪神監督）を擁する関西大に惜敗してから「中央に追い付き、追い越せ」が口癖になった。神吉が仙六連盟の設立とその振興に尽力したのは、その思いがあったからだ。

神吉が急逝したのは、仙六を含めた東北地方の大学野球の総元締めに当たる東北地区大学野球連盟会長を務めていた93（平成5）年1月19日。友人との待ち合わせ場所だった仙台市青葉区一番町のフォーラス前で倒れ、搬送先の病院で死去した。享年75。

それから10日後の29日付の河北新報は、『残照』の欄で「温厚な性格とユーモアあふれる語り口。東北地区大学野球連盟の会長に就任してからも各球場に通い、気さくに選手たちに接していた。一昨年6月の大学選手権で東北福祉大が悲願の初優勝を遂げた時、明治神宮球場のネット裏にいた神吉さんは『長年の夢が遂に実現した』と感慨深げだった」と報じた。野球をこよなく愛した神吉。その人生を仙六、いや東北の大学野球の振興と発展に捧げた。

常勝チームへ基礎固め

菅本昭夫監督・大竹栄部長(東北福祉大)

仙六リーグ優勝61度、全日本選手権制覇2度、準優勝5度、明治神宮大会準優勝5度。福祉大が仙六リーグスタートの1970(昭和45)年から、2011(平成23)年までの41年間に残した戦績だ。今や他校の追随を許さぬ実力校だが、草創期は弱小チーム。その福祉大がリーグ戦で他校と互角に戦えるまでの基礎をつくったのは、同大の元野球部監督(12年から顧問)だった**菅本昭夫**と、野球部長を務める**大竹栄**だった。

菅本は1943年4月、仙台市生まれ。66年に福祉大を卒業した後、系列の梅檀高（現在は廃校）の社会科教諭に採用されると同時に、梅檀高で硬式野球をしていたことから大学の野球部監督に任命された。仙六連盟はそれから4年後の70年2月に設立され、同年4月からリーグ戦がスタートした。菅本が率いる福祉大もリーグ戦に参戦したが、1勝を挙げるにはまだまだ力不足。初戦から72年秋の仙台大戦までの58試合すべてに敗れ、58連敗というリーグ史上最多連敗記録をつくった。この記録は、41年経った2011年現在も破られていない。

大竹は1944年1月、福島県石川町生まれ。部長に就任したのは、チームが連敗街道を突っ走っていた最中の72年春で、東洋大を卒業して福祉大の講師となった2年後だった。これで同大野球部の体制は整い、翌73年秋のリーグ戦では準優勝した。とは言え、当時、交互にリーグ戦を制して全国大会へコマを進めていた学院大と東北大の2強に割って入るまでには至らなかった。

福祉大強化のために、部長に就任した大竹が最初に取り組んだのは、選手の練習環境の整備だった。その目的を、大竹は福祉大が91（平成3）年に全日本大学選手権で初優勝し、河北文化賞を受賞した際に掲載された河北新報の紙面で「うちは在仙の大学でも地味な存在だったから、一般学生も元気がなくてね。何とか野球部が強くなって明るくできないかって」と吐露している。その言葉通り、74年に仙台市青葉区の定義地区に専用の大倉野球場を設置する一方、選手の意識改革のため79年2月に大阪遠征を実施し、強豪校の選手たちの野球に取り組む姿勢を学ばせた。効果はすぐ現れ、菅本監督が率いる福祉大は、その直後の春季リーグ戦で初優勝、秋は明治神宮大会にまで進出した。

これを契機に、大竹は大学の協力と援助を受けながら、さらに選手育成のための環境整備に取り組み、80年に合宿所、82年には明治神宮球場とほぼ同じ広さの現在の東北福祉大野球場を完成させた。並行して菅本は、かつての弱小・福祉大を学院大や東北大に代わって台頭してきた仙台大に引けを取らないチームに育て上げ、83年には初めて全日本選手権への出場を果たした。

18年間、福祉大の監督を務めた菅本は、翌84年の全日本選手権への出場を最後にその座を**伊藤義博**に譲った。後を引き継いだ伊藤は、91年の全日本選手権でチームを日本一に導き、福祉大だけでなく仙六の存在をも全国に広めたが、その基礎をつくったのは大竹と菅本だった。大竹は2012年現在野球部部長として、副部長だった菅本は同年3月の定年と同時に顧問に就任し、伊藤の後任監督・**山路哲生**をバックアップしながら〝福祉大野球〟の強化と、仙六連盟の発展に尽力している。

菅本は、大学野球にかかわった半世紀弱の歳月を「つらいこともありましたが、うれしいことの方が多かったですね」と振り返り、今後の連盟、リーグ戦の盛り上げ方について「もっとレベルの高い野球を見せる努力を続けるしかありません。そうすれば固定ファンは、きっと増えるはずです」と話している。

積極策駆使して在任36年余

数見隆生監督（宮城教育大）

プロ球界に「記録より記憶に残る選手」という言葉がある。「記録をつくる選手よりも、ファンの記憶に残る選手に……」と言う意味だが、それは選手だけでなく監督にも言える。41年という仙六リーグの歴史の中には、チームを優勝に導いた回数などの記録とは関係なく、大学野球ファンの記憶に鮮明に残る監督がいる。

２０１０（平成22）年5月31日付の河北新報に1本の記事が載った。見出しは「『50』番に別れ――宮教大・数見監督が勇退」。宮教大の**数見隆生監督**が、その直前に閉幕した仙六リーグ戦を最後に勇退したという内容だった。

数見には監督在任期間がリーグ史上最長の通算36年2ヵ月という記録とともに、相手チームが嫌がる、場合によっては奇策とも言えるような作戦で、大学野球ファンや他校の監督に鮮烈な印象を与えた「策士としての顔」があった。

数見は和歌山県出身。桐蔭高（和歌山）時代の１９６１（昭和36）年に夏の全国高校野球選手権大会に出場し、決勝で**尾崎行雄投手**（東映＝現・日本ハム）を擁する浪商高（大阪）に0―1で敗れた。高校卒業後は東京教育大（現・筑波大）に進み、71年に宮教大の講師となった。翌72年に硬式野球部の監督に就任、部員を指導する時間が取れなくなった93（平成5）年に一時退いたが、2年後の95年に復帰した。

宮教大は部員数が少なく、紅白試合さえできないシーズンもあったようだが、数見は少ない部員を巧みに生かし、意表を突く采配で相手チームを錯乱、勝ち星を挙げた。優勝には届かなかったが、監督に就任した年の春に2年生の**横田一秀投手**が東北大との1回戦でリーグ初のノーヒットノーランを達成するなどして3位、秋には2位に食い込むなど、36年2ヵ月の監督在任中、2位に4度、3位に9度導いた。

最後の采配となった2010年5月24日の試合は東北大との2回戦。宮教大は二回に2点を先制されたが、その直後の三回に追い付いた。3―6とリードされて迎えた七回には3点を返して再び追い付く粘りを見せた。しかし、八回にまたも勝ち越され、結局6―7で競り負け、数見監督最後の試合を勝利で飾ることはできなかった。

試合後、監督の勇退を知った**遠藤貴志主将**は「ベンチで選手と一緒になり大きな声で戦ってもらった」と感謝の気持ちを述べた。また、当時の野球部OB会長・**樫村惠三**は「数見先生は宮教大野球部の歴史そのものだ」と話し、かつて福祉大の監督として幾度となく数見と対戦した仙六連盟の**菅本昭夫事務局長**は「重盗を仕掛けるなど積極的な采配が見事だった。連盟の運営にも汗を流していただいた」と功績を称えた。
数見は11年3月に宮教大を定年で退いた後、福祉大の嘱託教授として教壇に立っている。

リーグ草創期にV争い
廣野牧雄監督（東北工業大）

仙六草創期に工大の監督をしていた**廣野牧雄**（旧制仙台二中―学院大出）も記憶に残る監督の1人であろう。

仙六連盟が設立され、リーグ戦がスタートしたのは1970（昭和45）年春。記念すべき第1回の春季リーグは、学院大が8勝1敗で並んだ東北大を優勝決定戦で下して王座に就いた。この戦績などからリーグは当分の間、学院大と東北大の2強時代が続くと見られていたが、そこに割って入ったのが工大だった。工大は同年秋のリーグ戦を制すると、73年春までに4度優勝し、学院大と熾烈なV争いを繰り広げた。当時の工大監督が廣野だった。廣野は1929（昭和4）年5月、宮城県生まれ。学院大を卒業後、工大の職員をしながら野球部の指導に当たった。

70年秋の工大初優勝の立役者は**布施仁投手**（東北電子工高＝現・東北工大高出）だった。10試合のうち9試合に登板、うち7試合を完投した。廣野は、そんな布施の熱投を振り返り、河北新報の『はたちの仙六』で「あのころ、布施は年ごとに巧みな投球術を身に付け、優勝したシーズンは特にストレートが走っていた」と述懐した。

リーグ戦で初制覇した工大は、同年11月の第1回明治神宮大会への出場権を懸けた北部地区代表決定戦で奥州大（現・富士大）を破り、初めて全国レベルの大会への進出を果たした。1回戦で強豪の関西大と対戦した工大は、1―1のまま延長戦に入るという大接戦を演じた。工大は十一回表に勝ち越しの2点を許したが、その裏に無死満塁の好機をつかみ、打順は中軸に回ってきた。単打でも同点、長打が出ればサヨナラ勝ちの場面だった。しかし、立ちはだかったのがプロ球界でも速球投手として鳴らした**山口高志**（現・阪神コーチ、兵庫・神港高出、松下電器―阪急―オリックス投手コーチ）。結局、後続を断たれて1―3で敗れ、2回戦進出は成らなかった。

最後の打者になった**野間清吾**（福島・保原高出）は「初球をたたいて投手を強襲したんですが、山口の好守備に阻まれました」と悔しがり、監督の廣野は「とにかく山口の球は速かった。スクイズしても当たらなかった。負けはしたが、いい試合だった」と振り返った。

工大はこのリーグ戦初制覇を含め、足掛け3年の間に4度優勝を果たしたが、その陰には知将・廣野の巧妙な采配があった。廣野は仙台二中がベスト4に進出した47年夏の甲子園で2番、外野手として出場するなど、バントヒットの名手だった。「バントでチャンスを広げて点をもぎ取る。状況によっては中軸にもスクイズをさせ、確実に1点を取るのが学生野球の基本ですからね」と廣野。大学の監督になってもバントを多用した。

廣野は自らの野球観を工大野球部に浸透させるため、さまざまな試みをした。その一つが部員との徹底したコミュニケーションづくり。暇を見つけては部員の下宿を訪れ、とことん野球について話し合い〝廣野野球〟を説いた。努力が実って20人足らずのチームの結束力は強まり、学院大や仙台大と優勝を争えるまでになっていった。

その廣野が2012（平成24）年1月、帰らぬ人となった。廣野は生前、工大が1973年春のリーグ戦を制してから優勝争いに顔を出さなくなったのを寂しがっていたという。

35季ぶりに優勝へ導く

菅井徳雄監督（東北学院大）

学院大の現監督・**菅井徳雄**は、福祉大の長期独走にストップを掛けた指揮官として記憶に残る。菅井は学院大硬式野球部OBで、1979（昭和54）年に卒業、母校の職員として勤務する傍ら、80年から8年間、野球部コーチを務めた。43歳の2000（平成12）年8月に**木皿茂義監督**の後を引き継いで監督に就任、03年10月にいったん辞任したが、05年の秋季リーグ直後に復帰した。

仙六リーグの草創期、学院大は常に先頭を走っていた。特に1976（昭和51）年春から78年秋までの3年間は6季連続で優勝するなど、リーグの盟主的存在だった。しかし、それ以降は優勝から見放され、菅井の監督就任時、宿敵の福祉大は89年（平成元年）春から始まった連覇記録を更新中で、2005年秋のリーグ戦では34季連続、50度目の優勝を達成していた。

福祉大の連覇記録を、菅井は監督に復帰した翌06年春に阻止した。同シーズンの学院大は後に西武に入団する**岸孝之投手**を擁し、順調に勝ち星を重ねた。菅井自身にも、期するところがあったのだろう。毎試合、自チームの攻撃の際は自ら三塁コーチャーズボックスに立ち、「気合いで打て！」などと大声でナインに喝を入れていた。

そして迎えた福祉大との直接対決。対戦は4回戦にまでもつれ込むリーグ史上まれに見る激戦となり、学院大が2勝1敗1分けで福祉大を破った。その後、学院大は最終節で工大に2連勝、1988年秋以来35季ぶり17度目の優勝を果たした。福祉大との対戦で岸は3連投と獅子奮迅の働きを見せた。高校時代は未知数だった岸の将来性を、たった1度の観戦で見抜いたのが菅井だった。

2度目の全国制覇を達成
山路哲生監督(東北福祉大)

故**伊藤義博監督**の後を引き継ぎ、福祉大を全日本選手権で2度目の優勝に導いた**山路哲生**も記憶しておきたい監督だ。

山路は和歌山・星林高から福祉大に入り、仙六リーグでは屈指の強打者として活躍、１９８７（昭和62）、88年の全日本選手権での準優勝に貢献した。卒業後は社会人野球のヤマハに入り、都市対抗野球大会に9度出場した。２０００（平成12）年4月から福祉大のコーチとして出向、02年秋からは体調を崩した伊藤に代わり、臨時監督として指揮を執っていた。正式に監督に就任したのは03年4月で、伊藤前監督の急逝による交代だった。

山路が監督就任時、取材記者に「伊藤監督から受け継いできた『野球を通じて人をつくる』という姿勢を大事にして指導に当たっていきたい」と抱負を語った。それから1年後の04年6月、山路が率いる福祉大は全日本選手権で、恩師・伊藤前監督が果たした初優勝から13年ぶりに2度目の全国制覇を成し遂げている。

選手、指導者としてみやぎの大学野球振興に尽力

長谷川史彦監督(東北大)

仙六の41年を振り返ってもう一人忘れられないのは、1984(昭和59)年秋のリーグ戦で東北大の**小野秀明投手**が64試合連続登板・完投の記録を達成した時の監督だった**長谷川史彦**。57年に福島県で生まれ、東北大では投手として活躍した。卒業後は同大の教官となり、野球部のコーチから監督に昇格、小野らを指導した。

長谷川は『連盟40年史』の座談会で当時を振り返り「小野を超える投手がほかにいなかったというチーム事情もあるが、どこが痛いとも言わず投げてくれた」と、小野にすまなそうに話した。実はその小野が4年生になった84年の春先、長谷川はひそかに優勝を狙い、関東で合宿するなどして満を持していた。ところが、優勝を狙って挑んだその春季リーグの開幕戦で、宮教大の**目黒利春投手**にノーヒットノーランに抑え込まれて敗れた。長谷川は「本当にショックだった。でも、逆にそこからチームが一丸となり、準優勝することができた」と当時を懐かしむ。

2012(平成24)年現在は、東北大未来科学技術共同センターの教授として東北振興に向け

たクリーンエネルギーの研究開発に取り組む一方、野球部の部長、仙六連盟の常任理事を務め、みやぎの大学野球の振興にも尽力している。

第四章　東京六大学リーグ

高校野球の聖地が甲子園球場なら学生野球は神宮球場。伝統の早慶戦をはじめ、神宮球場で繰り広げられた東京六大学野球リーグ戦は、かつてプロ野球をしのぐほどの人気で、全国の高校球児が卒業後に目指すひのき舞台の一つであった。地方のヒーローから全国のヒーローへ。東京六大学リーグのベストナインに名を残す選手たちもそうだ。ライバルとの激しい競争を勝ち抜いた宮城勢は6人いる。

学生野球の聖地、明治神宮球場

ミスター長嶋とベストナインに同時選出

高橋孝夫二塁手（立教大）

1957（昭和32）年11月3日の神宮球場。全国の野球ファンの視線がここに注がれた。東京六大学野球秋季リーグ戦第8週の慶応大―立教大2回戦。この試合に立大の春季に続く通算5度目の優勝がかかっていたこともあるが、それ以上のお目当ては立大の4番、**長嶋茂雄三塁手**の本塁打だった。長嶋は同年4月の春季リーグ戦対法政大でリーグ通算7本目の本塁打を放ち、**宮武三郎**（慶大）、**呉明捷**（早大）のリーグ記録に並んでいたが、新記録のあと1本が出ず、秋の慶大戦が最後のチャンスになった。先勝した立大にとって2回戦も勝てば優勝が決まるが、同時に最終戦にもなる。長嶋は0―0で迎えたこの試合の五回、**林薫投手**（慶大）の投球を左翼席に運んで歴史的な記録を達成した。長嶋の勝負強さを印象付けた土壇場での一打だった。結局4―0で慶大を下した立大。同年春に続く優勝は同大の黄金期の到来を告げるものだった。

長嶋の同期のチームメートには卒業後、南海、阪急―阪神でそれぞれ活躍する**杉浦忠投手**、**本屋敷錦吾遊撃手**に加え、長嶋、本屋敷と組んで鉄壁の守りを誇った仙台二高出身の**高橋孝夫二塁**

手がいた。高橋は長嶋が記念すべき8号本塁打を放った試合で、長嶋に続く5番打者として打席に立っている。しかもこのシーズンは39打数13安打、打率3割3分3厘の長嶋に2度目のリーグ首位打者を譲ったものの、40打数12安打、打率3割とわずかの差で堂々4位に入ったほか、同年春に続いて2度目のベストナインに選出されており、「（立大の）打撃陣では本屋敷、長嶋のほか高橋二塁手も立派に役割を果たしていた。攻守兼備の優勝といえる」と当時の毎日新聞は報じている。

高橋は新制高校の6回生として仙台二高に入学した51年に遊撃手としてデビューし、優勝した春の県大会では準々決勝対東北高で試合を決める長打を放っている。2年生時は1番、遊撃が定位置。同年の夏の甲子園予選では東北大会1回戦で3―4と山形南高に敗れたものの、秋に開かれた第7回国体（宮城、山形、福島）に開催地代表として出場し、夏の全国選手権で準優勝した八尾高（大阪）を同期でエースの**鈴木文夫投手**（後に仙台二高監督）の力投で1―0と退けて準決勝まで進出。主将、中軸打者として臨んだ3年生時は夏の東北大会準決勝で白石高に0―1で惜敗し、またしても甲子園への切符を手にすることができなかった。立大に進んだ高橋の公式戦デビューは3年生時の56年秋のリーグ戦。本屋敷の控えの遊撃手だったが、その後二塁手に転向し、翌57年春からレギュラーとして活躍した。

早慶6連戦で攻守に活躍

石黒行彦中堅手(早稲田大)

長嶋茂雄（立大）の通算8号本塁打などで人気が沸騰した東京六大学野球リーグ。次に日本中の野球ファンが注目したのは、優勝をかけた1960（昭和35）年秋の早慶6連戦だ。この伝説の舞台で早稲田大3年・**石黒行彦中堅手**（仙台一高出）の攻守が光を放った。

秋の早慶戦を前に優勝争いは両校に絞られており、8勝2敗の慶大が2勝すれば慶大、7勝3敗の早大が2連勝すれば早大がそれぞれ優勝、早大2勝1敗なら優勝決定戦という展開だった。熱戦の火ぶたが切られたのは60年11月6日。石黒は初戦に5番、中堅手で出場し、守備で観衆を魅了した。まず、早大が1点先行した直後の五回裏、石黒は中前打でホームを狙った二塁走者を好返球で刺し、慶大の追撃を阻む。さらに早大2―1のリードで迎えた最終回、今度は一死二塁から中越えの長打かと思われた打球に飛び付いて捕球した後、三塁へタッチアップを試みた二塁走者をまたしても好返球で封殺し、早大を先勝へと導いた。2戦目は1―4で慶大が雪辱し、3戦目は早大が3―0で勝って慶大と勝ち点、勝率とも並んだため、優勝は決定戦に持ち込まれた。今も語り草となっている早大の**安藤元博投手**（東映―巨人）の4試合連続完投が始まったのは3戦目から。石黒は3戦目から3番に打順が上がって慶大の4投手と相対した。

優勝決定戦は早慶両校投手の一歩も引かぬ力投で1―1、0―0と2試合続けて延長引き分け。石黒は1試合目が4打数2安打1四球、2試合目は5打数2安打と打撃で気を吐いた。貴重だったのは1試合目。1点先行されて迎えた九回表、石黒は一死三塁のチャンスに低めのカーブを巧みに右前打し、土壇場で同点に持ち込んだ。史上初の熱闘に決着がついたのは3試合目で、早大打線が強力な慶大投手陣から3点を奪う一方、安藤が慶大の攻撃を1点に抑え、早大が20度目の優勝を遂げた。秋季リーグ戦での石黒の打撃成績は15試合、51打数12安打5打点、打率2割3分5厘。打撃順位27位だったが、リーグ戦取材記者の投票によるベストナイン選出では26票中11票を獲得し、外野手部門の次点だった。石黒は優勝を決めた翌日、早大の新主将に選ばれている。

石黒が大学でレギュラーポジションを獲得したのは、早大が立大の5連覇を阻んで3年ぶり19度目の王座に就いた59年春のリーグ戦だった。7番、中堅手として神宮球場の舞台に立ち、通算11試合、39打数10安打3打点、打率2割5分6厘で17位の打撃成績を残した。同年秋の早大は優勝決定戦で立大に敗れたが、チーム打率は1位と攻撃力を誇り、「よく打った」と新聞で評された中に石黒の名前も挙げられた。それもそのはず、12試合で40打数15安打3打点、打率3割7分

5厘は**高林恒夫外野手**（立大―熊谷組―巨人―国鉄―産経）に次いで2位。2年生ながら高林らとともに外野手としてベストナインに選出されている。翌60年春の早大は勝率で勝った法政大に優勝をさらわれた。石黒は対立大3回戦の延長11回、劇的なサヨナラ安打を放ち、8シーズンぶりに立大から勝ち点を奪う活躍。翌朝の新聞は石黒をクローズアップし「東北人らしい外柔内剛のタイプ、バッティングにもその粘り強い性格がよくにじみ出ている感じだ」と記している。

3年生時に早大の中軸打者となり、さらなる活躍を期待された石黒だが、主将としての重圧もあってか4年生時は春、秋とも思うような成績が残せず、チームも春は明治大、秋は法大の優勝を許して大学野球を終えた。卒業後、石黒は社会人の八幡製鉄（現・新日鉄）でプレーし、監督も務めているが、「県内ナンバーワンの打者」（『汗と土と涙と　宮城県高野連40年史』）と評された高校からの野球人生を次のように振り返っている。

「自分が2年生の6月30日、甲子園を目指しての練習中に不注意からボールを頭に受け、脳内出血で意識不明になった。新聞には再起不能と書かれ、自分でも野球を続けることは無理かと一時は思ったが、幸いにして手術は成功し、その後も長く野球人生を楽しむことができた。前年、夏の東北大会の決勝で敗れ、今年こそはと多くの人が期待していただけに、自分のちょっとした気の緩みが大変な迷惑をかける結果となったことは、今でも悔やまれてならない。大学時代にはけがをした精神的ハンディや人には言えない厳しさ、苦しみがあったが、これらを乗り切って、仙台一高出身の野球選手として神宮球場でプレーすることができたのも、**貝山悟先生**（医師）をはじめ一高関係の方々の期待を感じていたからだろう」（『仙台一中・一高野球部百年史』）。

最終シーズンで抱いた天皇杯

佐藤政良捕手（慶応大）

伝説の早慶6連戦でマスクをかぶった**大橋勲**（巨人―大洋）の後を受け、1963（昭和38）年に慶大正捕手の座に就いたのは仙台二高出の**佐藤政良**だ。このとき3年生。1年生の夏に外野手から転向してようやくつかんだレギュラーポジションで、慶大のエースは翌年5月の対立大戦で東京六大学史上初の完全試合を達成した**渡辺泰輔投手**（南海）だった。

佐藤が守りの要となった63―64年の慶大は、渡辺ら好投手を擁していることもあって、4シーズンのうちデビューした63年春と、最終シーズンの64年秋の2回優勝を飾っている。中でも佐藤が目立った活躍をしたのは63年秋のリーグ戦だ。チームは優勝決定戦で法大に3―4と敗れたが、打順は8番か7番、捕手としてこのシーズン14試合に出場し、52打数15安打7打点、打率2割8分8厘をマークしてリーグ10位の打撃成績を上げた。ベストナインにも選出され、同リーグ戦終了後の11月4日には慶大の主将に選ばれた。

佐藤が主将として迎えた64年春。慶大は優勝をかけた早慶戦で2連敗し、早大の21度目の優勝を許した。そして迎えた最終シーズンの秋。またも優勝がかかった早慶戦は、佐藤政良の好リードと**佐藤元彦投手**（サッポロビール―東京―ロッテ―大洋）の力投などで、慶大がいずれも1―0、1―0で連勝し、3シーズンぶり18度目の優勝を果たした。佐藤政良は2度目のベストナインにこそ選ばれなかった（次点）が、念願の天皇杯をしっかり手にし、「今シーズンはチーム全体の和、気力ともに申し分なかった。最後のシーズンを優勝で飾れてこんなにうれしいことはない。佐藤元彦は満点をやってもいい出来だった」と振り返った。

仙台二高時代の佐藤政良は、1年生時からレギュラーになった。最初は捕手。中学時代は三塁手専門だったが、入学後間もなくして**二瓶喜雄監督**に転向を命じられた。2年生になるとエースが調子を崩したため、未経験の投手に挑戦。公式戦では珍しい投手―捕手交換も経験し、3年生時には遊撃に回るなど3年間で右翼手以外の全ポジションに就いた。当時の宮城県内の強豪の一つが東北高。特に2年生時は同校の**波山次郎投手**に阻まれて甲子園出場の夢は果たせなかった。慶大に進んで再び捕手に転向した佐藤は卒業後、社会人野球の北海道拓殖銀行でプレーし、監督兼選手も務めたいわばマルチプレーヤーだった。74年に家業を継ぐため仙台に帰り、77年から3年間、仙台二高の監督として後輩の指導にも当たっており、育てた選手の中には仙台六大学野球でそのタフさから「鉄腕」と称された**小野秀明投手**（東北大）がいる。制球に難があった小野に1日500球を超える投球練習をさせたこともあったという。『宮城県仙台二中・二高野球部史』の随想で佐藤は「（高校時代の体験で）各ポジションの難しさ、苦しさ、楽しさなどが理解できるようになり、自分がどのポジションに適しているのか、ぼんやりと分かってきたような気がする。慶応に進学した時も、外野手としてスタートはしたけれど、本当に自分がやりたいのはキャッチャーだという思いが強くて、1年の夏に転向した。以後、チームの要として責任を全うする時に、二高時代の経験が大きく役立ったことは言うまでもありません」と記している。

引退後はサッカーJリーグ球団社長

小野寺重之外野手（明治大）

高校、大学、社会人とアマチュア球界で華々しい活躍をしてきた戦後生まれのみやぎの野球人として、まず名前が挙がるのは**小野寺重之**であろう。気仙沼高が甲子園に初出場した翌年の1963（昭和38）年、「自分も甲子園に一度は出場してみたいという一心」で、同校野球部に入部。2年生時には仙台一高、3年生時は古川工高にいずれも甲子園を目指す夏の東北大会出場県代表決定戦で敗れたものの、大型の外野手兼投手、中軸打者としてその存在を県高校球界に印象付けた。同期に**小山正捕手**（大洋）がいる。

小野寺は卒業後、明治大に入学。「熱血監督」「御大」と呼ばれ、91年には野球殿堂入りしている**島岡吉郎監督**の薫陶を受ける。2年先輩には1年生の秋から7季連続でベストナインに選ばれ、巨人のV9時代に俊足、強肩、強打の外野手として活躍した**高田繁**（現・DeNAゼネラルマネジャー）、1年先輩には1年生から明大のマウンドに立ち、プロでは中日のエースだった**星野仙一**（現・東北楽天監督）がいたが、小野寺も1年秋の東大戦で早くも神宮デビューし、2年生の秋季リーグ戦からは4番、左翼手（右翼手に回ることも）としてチームの中軸になり、高田、星野と一緒にプレーしている。

「私が高校1年の時、重之さんは大学2年で、何度か島岡監督らを連れてきて、選手発掘や練習をよくしてくれた」。気仙沼高硬式野球部OB会長を務めた後輩の**臼井真人**がこう振り返るように、島岡監督の期待が大きかった小野寺。182センチのがっしりとした体格に技能も身に付け、3年生の秋季リーグ戦では12試合、40打数14安打、2本塁打、8打点、打率3割5分、打撃成績8位となって初のベストナインに選ばれた。同シーズンのベストナインには**谷沢健一外野手**（早大）、**山本浩二外野手**（法大）ら後にプロでも活躍したプレーヤーが名を連ねている。そして小野寺が島岡の信頼に形で応えたのが、主将として臨んだ69年春季リーグ戦だ。5月26日の対立大2回戦。4番、左翼手として出場した小野寺は4打数2安打。2―3で迎えた8回裏、左前打で出塁していた小野寺は立大の守備の乱れに乗じて逆転のホームを踏み、明大に8年振りの優勝をもたらした。島岡監督が65年に明大監督に復帰して初の胴上げでもあった。早大か法大が本命と予想された中での明大の優勝はハプニングとも言われた。しかし、「毎試合コーチャーズボックスに立ち続けた島岡監督の陣頭指揮は若い選手を奮い立たせた」との新聞評も忘れることができない。

同年秋季リーグ戦は法大が優勝し、明大は4位に沈んだが、最終リーグ戦で小野寺は2度目のベストナインに輝いた。惜しまれるのはわずか1厘差で首位打者を逃したことだ。リーグ戦最終週である早慶戦前の首位打者争いは12試合、43打数17安打、10打点、打率3割9分5厘3毛の小野寺をトップに、早大・**荒川尭遊撃手**と慶大・**松下勝実一塁手**（3割7分5厘）、早大・谷沢（3割6分6厘）と続いていた。ところが早大が2連勝した早慶戦の2回戦で松下が3打数3安打でトップに躍り出ると、慶大ベンチは九回の松下の打席に代打を送ったため、3割9分6厘の松下の首位、小野寺の2位が決まった。

大学で輝かしい球歴を残した小野寺は、社会人野球の日立製作所に入社。全国社会人野球東京大会では当時史上初の3打席連続本塁打の快挙も達成し、現役引退後は監督を務めた。その後の2003（平成15）年3月、サッカーJリーグ1部（J1）柏レイソルを運営する日立柏レイソルの社長に就任。「野球人としての経験をサッカーに生かし、選手たちに闘争心を植え付けたい。島岡監督はまさに精神野球で、グラウンドは人生の鍛錬の場だと教わった。サッカーでも精神的なものが大切だ」とインタビューに答えている。

首位打者1度、ベストナイン3度

中根　仁外野手(法政大)

宮城県出身の東京六大学野球プレーヤーの中で、最も輝かしい実績と話題を残したのが法大の主将を務めた**中根仁外野手**（近鉄―横浜、現・DeNAコーチ）だ。東北高時代は1年生で早くも夏の甲子園に出場。同校が同じ1982（昭和57）年秋の東北大会を制して出た明治神宮野球大会では、5年ぶり2度目の優勝を決めた決勝で5番、左翼手として先発している。さらに2年生の**佐々木主浩投手**（東北福祉大―大洋―横浜―米大リーグ・マリナーズ―横浜）がエースだった84年夏には、4番、右翼手で再び甲子園の土を踏み、3回戦まで勝ち進んだ。

東京六大学リーグでも中根のデビューは早かった。法大2年生になったばかりの86年4月27日、春季リーグ戦の対早大2回戦で代打として初出場すると、同月30日には対立大3回戦で決勝打を放った。「幻のアーチ」となった一打だ。1―1で迎えた八回表の1死一塁で、代打で登場した中根は、内角低めの直球を思い切り引っ張ると、打球は左翼席に飛び込んだ。ハプニングはこの後に起きた。打球がスタンド入りしたのを確認した時、中根のすぐ横には東北高の先輩で一塁走者の**金子誠一外野手**（本田技研和光―阪神）がいた。勢いが付いていた中根は金子を追い越し、野球規則の「後位の走者がアウトとなっていない前位の走者に先んじた場合、後位の走者がアウト」によりアウトに。記録は左越え安打となったが、金子がホームベースを踏み、これが決勝点となった。「監督に〝バカだなぁ〟と言われるし……。でも試合には勝ったからいい思い出にします」と初アーチが幻になった中根。長い東京六大学の歴史の中でも初の珍事だった。

そんな中根が大活躍したのは翌87年の秋季リーグ戦。法大が早大を抜いて通算30度目のリーグ最多優勝を飾ったシーズンだ。中根はV決定の対明大1回戦に3番、右翼手で臨み、2本塁打、1三塁打の3打数3安打4打点と、「祝砲」を打ち上げたほか、同秋季リーグ戦の首位打者に**高橋智尚外野手**（明大）と打率4割3分8厘で並んで輝き、同年春に続き2度目のベストナインにも選ばれた。

中根が主将となり4番、右翼手に定着した88年の春季リーグ戦での法大は、エースの座に就いた東北高の1年後輩、**葛西稔投手**（阪神）の力投で接戦を次々制し、31度目の栄冠に輝いたが、中根はリーグ戦第6週の対早大3回戦で、飛球をダイビングキャッチしようとした際に左手首を骨折し、優勝を決めた対立大戦ではベンチから包帯姿で声援を送っていた。「九回2死からでもできることなら守りたかった」。試合後、中根はグラウンドで優勝の瞬間を味わえなかったことを悔しそうに話した。同シーズンのベストナインの投手に葛西が初めて選ばれている。

最終リーグ戦の秋も葛西とともに攻守の要となり、法大は3季連続32度目の優勝を飾った。優勝決定の対明大2回戦では、中根が初回に大量点の口火を切る右翼への二塁打を放てば、葛西が八回1死から登板して明大の反撃を絶った。このシーズンの中根は48打数15安打12打点、3本塁打、打率3割1分3厘で打撃成績10位。3度目のベストナインに輝いた。

大学通算68試合に出場し、打率3割3分、11本塁打、49打点の記録を残した中根が、卒業後に選んだのはプロの道だった。88年ドラフト2位で近鉄に入団した。プロでは故障続きでレギュラーに定着できなかったが、俊足、強肩、長打力を買われ、97（平成9）年12月の横浜へのトレードを経て2003年10月に引退するまで15年間現役を続けた。横浜が38年ぶりに日本一となった98年の8月には、県営宮城球場（現・クリネックススタジアム宮城）で行われた公式戦、横浜—ヤクルト12回戦のベンチに佐々木主浩、**斎藤隆投手**（東北高—東北福祉大—大洋—横浜—ドジャース—レッドソックス—ブレーブス—ブルワーズ—ダイヤモンドバックス—東北楽天）、**井上純外野手**（東陵高—大洋—横浜—ロッテ）とともに入っている。プロ通算は1092試合、2714打数717安打351打点、78本塁打、打率2割6分4厘。

「大魔神」の控えから法大のエース

葛西　稔投手（法政大）

時代が「昭和」から「平成」に変わった最初の東京六大学野球春季リーグ戦（１９８９年）を制したのは法大だった。昭和から続くＶ４の快挙。その立役者は**葛西稔投手**だ。葛西は２年生だった１９８７（昭和62）年の秋季リーグ戦対東大１回戦にリリーフで初登板し、その後エースとして法大の３連覇に貢献していた。Ｖ４を達成したシーズンは、第５週終了時点で５チームが勝ち点２で並ぶ激戦。法大はエース葛西が投げると打線が沈黙するという悪循環が終盤まで付きまとったが、葛西の我慢と２年生投手のバックアップなどで何とか逃げ切った。このシーズン、葛西は２度目のベストナインに選出されたが、リーグ史上初の５連覇を目指した最終シーズンの秋季は、途中で６連敗もあり、５位に大きく後退した。葛西の４年間のリーグ戦通算成績は18勝7敗だった。

葛西は弘前市（青森県）の中学校から東北高に進んだ。「甲子園に出るならここしかない」と選択した。同期には後に「大魔神」と言われ、米大リーグでも活躍した**佐々木主浩投手**がおり、高校時代は主に佐々木の控え投手兼一塁手としてプレー、甲子園には3度出場し、85年春と夏の大会ではそれぞれ準々決勝まで勝ち進んだ。この年は**竹田利秋監督**（現・国学院大総監督）が東北高で采配を振るう最後の年でもあった。

179センチ、74キロの控え投手・葛西が大学でエースに成長したのは、横手投げへの転向が要因だ。切れの良い変化球が大きな武器になった。初めてベストナインに選ばれた88年春季リーグ戦後の第37回全日本大学野球選手権大会。東京六大学リーグの優勝校として出場した法大は、1回戦の対近大工学部（広島六大学）の先発にエース葛西を起用した。この試合で葛西が許した走者は、初回2死から粘られて四球を与えた1人だけ。それ以外は内角の速球とシュートに外角のカーブを交えて揺さぶる巧みな投球で、27人の打者を打ち取り4―0で勝利した。投球数113。大会史上4度目となるノーヒットノーランの達成後、「真っすぐが良かったので、組み立てが楽でした。全然、プレッシャーもなく、七回ぐらいからいけそうな気がした」と話した葛西。味方の攻守にも助けられての快挙だった。リーグ戦、全日本選手権以外で葛西は、日米大学野球選手権の日本代表に2度選ばれ、最高殊勲選手にも1度輝いている。

葛西のプロ入りは89年、阪神がドラフト1位で指名した。即戦力と期待されたが、足に故障を抱えていたため1年目の90年は活躍できず、2年目から主力投手の仲間入りを果たし、その後、開幕投手にも抜擢された。さらにリリーフに転じ、強力な阪神リリーフ陣の1人として活躍している。投手コーチ兼任だった2002年、試合には登板せずにコーチとして働いて現役を退いた。プロ通算331試合に登板し、36勝40敗29セーブ、352奪三振、防御率3・59だった。葛西は現役引退後、阪神の2軍投手コーチ、スカウトなどを務めた。

未到のリーグ2位へ導く

佐藤剛彦監督(東京大)

私立の古豪、強豪がひしめく東京六大学リーグにあって、唯一の国立大である東京大が成し遂げた最高戦績は1946(昭和21)年春季リーグ戦での2位。60年余を経た今も破られていないこの記録を、指揮官として達成したのが仙台市出身の当時の**佐藤剛彦監督**だった。

佐藤は1917(大正6)年8月生まれ。仙台一中(現・仙台一高)、第二高等学校で左腕のエースとして活躍した後、東大に進み、2年生になった40年春の対慶応大2回戦で公式戦初登板を果たした。結果は3―17と惨敗。翌日の新聞に「東大の佐藤は投手として失格」と書かれた。

屈辱感を味わった佐藤は、外野手転向を監督に申し入れたが聞き入れられず、以後は徹底的にピッチングを研究した。仙台一中の先輩・**砂沢文雄投手**が法政大時代に1日600球を投げ込んだという話を聞いていたこともあって、自らの工夫を加えて一心に投げ込みを続けたという。

それが結実したのが、同年秋のリーグ戦。佐藤が生涯の思い出としている対早稲田大戦だ。試合は、東大が二回に2つのエラーと1安打、野選が絡んで4点先行されたが、八回に打線が爆発して6―4で逆転勝ちした。佐藤にとって対早大戦初勝利、しかも被安打1の完投。翌日の朝日新聞は「佐藤好投し東大快勝　早大僅かに1安打」の4段見出しを付け、「痩身、非力、きわめて小柄（156センチ）な佐藤投手が、その左腕に魂をこめて投げ込んだ一球一球は、強打を誇る早大を一安打、四個の四球という破天荒の快投となり、ついにこれを打ち破った殊勲となった」と称えた。佐藤はこの後も東大のエースとして投げ続け、大学通算23試合、完投14、勝利3の成績を残している。

45年8月終戦。佐藤は富士電機に入社したが、東大からの要請に応じて翌46年、監督に就任した。その際、佐藤がコーチとして招いたのが早大OBの**森茂雄**だった。森はプロ野球・タイガースの初代監督（36年）。東大でコーチをした翌年の47年秋から57年まで早大監督を務めて9度のリーグ優勝を果たし、77年には野球殿堂入りもしている。この〝大物〟が佐藤の期待に応えて選手にたたき込んだのが基本だ。46年春季リーグ戦の東大は外部コーチの貢献と、エース**山崎諭**

の力投で明、早、立、法を立て続けに下し、全勝同士で慶大と激突した。勝てば悲願の優勝の大一番で東大は慶大・**大島信雄投手**を打ち崩せず0—1と惜敗したが、「帝大（東大）が飽くまで食い下がって最後の一戦を飾ったところ再建リーグの華というべく……」（朝日新聞）と評された。4勝1敗。同シーズンの東大は結局2位に終わった。とは言え、この2位は東大が25年にリーグ加盟してから最高の成績で、以後2012（平成24）年春季まで一度も到達していない。当時の慶大主砲は**別当薫**。別当はその後、プロの阪神と毎日で外野手として活躍したほか、毎日、近鉄、大洋、広島の監督にもなり、88年に野球殿堂入りしている。佐藤は東大を47年秋まで率いた。

98年1月、佐藤は自らの球歴をたどる小冊子『「始球式百球」の歩み』を著した。幼少期からどう野球と向き合い、投手たらんとするため何を心掛けてきたかなどを書き留めたものだが、後半で触れたのが始球式。「二十余年勤めた富士（電機）に別れ　縁ありて新聞社（河北新報社）に移る　主催・後援する行事数多くして　地元社会への奉仕身につき　始球式の新しい野球生活がスタートした」。69年8月30日にその第1球を投じてから、100球に達したのが80歳時の97年10月11日。米寿の2005年春には東京六大学リーグの開幕戦で126球目を投じた。佐藤は宮城県野球団体協議会、宮城県野球連盟の各会長なども務め、宮城の野球界の発展に尽くした。

昭和と平成、2度の監督経験
大沼　徹監督（東京大）

数多くの名プレーヤーを輩出し、日本野球史に大きな位置を占めてきた東京六大学球界で、宮城県出身者が監督を務めたのは2人。佐藤の後を継いだのは仙台一高、東大の後輩である**大沼徹**だ。1979（昭和54）―80年と、2005（平成17）―06年の2度にわたって東大で采配を振るった。49年6月、村田町生まれ。仙台一高で遊撃手としてスタートしたが、打撃投手で肩を鍛えていたのと、「魅力を感じて」捕手に転向。3年生時には部員不足に悩まされながらも、チームの要として春季仙塩リーグ戦で強豪・仙台育英高を破っている。

卒業後は、実家が約300年続く造り酒屋だったこともあり、東京農工大に進んだが、野球が捨てられずに受験し直して東大野球部に入った。1年生の秋に遊撃手として神宮球場にデビューし、副主将として捕手のマスクをかぶったのは3年生の春季リーグ戦から。しかし最下位を脱することはできなかった。

学生野球の現役は卒業したものの、大沼は野球に対する探究心を持ち続け、スポーツにおける「身体運動の教授法」をテーマに修士論文も書き上げた。並行して現役を退いたすぐ後の74年と76年には東大助監督となって指導者の第一歩を踏み出し、79年から80年まで監督として初めてチームを指揮した。しかし結果は6位のまま。通算4勝38敗5分けで指揮官を退いた。その後、大沼は社会人野球チームのコーチをしたり、母校・東大野球部の練習に参加したりして野球との関わりを続け、千葉経済短大に籍を置いた88年から12年間、千葉経済大野球部の監督を務めた。

再び東大から請われて監督に復帰したのが2005年。06年まで2年間務めたが、チームは2勝にとどまり、大沼は後任に監督を引き継いだ。「チームの総合的なレベルアップ」が大沼の野球における指導理念。「一流選手のプレーを間近で見て、高度な技術を追求するのが野球の真理。だから、『理にかなったことをやっていれば勝てる』と選手に求めてきた」と2度の東大監督経験を総括する。

第五章　高校野球選手編

1947（昭和22）年8月、全国中等学校優勝野球大会が阪急西宮球場から再び甲子園球場に舞台を移して開かれた。戦後復活2年目の第29回大会だが、学制改革で翌年から全国高等学校野球選手権大会となるため、中等学校最後の大会でもあった。全国予選に1125校（宮城は23校）が参加し、このうち甲子園へコマを進めたのは19校。東北大会（宮城、福島、山形）の代表は仙台二中だった。

高校球児あこがれの甲子園球場

甲子園初4強の立役者

二階堂正投手(仙台二中)

1947(昭22)年8月の第29回大会に出場を決めた仙台二中(現・仙台二高)。25(大正14)年以来、同校にとって2度目の甲子園となるこの大会の立役者は「小さな大投手」と称賛された左腕・**二階堂正**だ。石巻中とともに県代表として東北大会に臨んだ仙台二中は初戦、山形二中を二階堂の2安打完封の投球で3—0と退けた後、決勝では初回に福島商から3点を奪うなど終始優位に試合を進め、7—2の大差で東北代表の切符を手にした。

甲子園では2回戦から登場した。その初戦の相手が、前年に奪三振の天才左腕とうたわれた**平古場昭二投手**(慶大—鐘紡—プロ野球パ・リーグ審判員)を擁して優勝した浪華商(大阪)。誰もが浪華商優勢を予想した試合だった。事実、仙台二中は初回に守備の乱れから浪華商に1点先行を許す苦しい立ち上がり。しかし、仙台二中は二回裏に3連続四球と2安打で一挙4点を奪って逆転すると、その後は二階堂が大きく割れるカーブと外角直球で要所を締めれば、**柴田克彦三塁手**、**庄司和佳遊撃手**らが堅実な守備で二階堂を支え、戦前の予想を覆す4—2で甲子園初勝利を飾った。

仙台二中旋風はさらに続く。3回戦は下関商（山口）戦。試合は両校とも九回を終わって3安打と好機らしい好機もなく延長戦に入った。その十回表、仙台二中は2死から二階堂、柴田の連続四球の後、庄司の中前打で二階堂が生還し、これが決勝点となった。宮城勢として甲子園で初めて準決勝進出を決めた瞬間だった。

岐阜商（岐阜）との準決勝は2―6のスコアだった。仙台二中は八回までノーヒットに抑えられ、この試合の安打は結局、九回に出た1本だけ。ただ、試合内容は数字ほど一方的ではなく、仙台二中が2―4と追い上げた五回、なお1死二、三塁の好機に**及川禎一**・二塁手の打球が岐阜商三塁手の好守に遭って併殺になるなど、試合の流れを大きく変える球運に恵まれなかった。

甲子園での3試合を1人で投げ抜いた二階堂。そして仙台二中の活躍。『仙台二中・二高野球部史』は当時について、列車で24時間余を要して仙台から甲子園に着いたことや、部員が野球用具以外にそれぞれコメ約7キロを持参したこと、甲子園球場正面二階に設けられたバラック建ての宿泊施設に数チームと入り、暑さのあまりに夜は布団を球場のアルプススタンドまで持ち出して寝たことなどを紹介。さらに、仙台二中チームには銀シャリ、差し入れの牛肉があってしかも食べ放題と、当時としては最高の食卓であり、「口さがない人達曰く『仙台二中の準決勝戦進出は、食糧が十分あったのが最大要因』と」とも記している。

二階堂は仙台二中卒業後も野球を続け、立教大―サッポロビールでそれぞれ活躍。仙台二中時代の同期には**塩沢平次郎**（元プロ野球コミッショナー事務局員）、**渋沢良一**（元プロ野球セ・リーグ事務局長）がいる。

父子でつかんだ甲子園

毛利理惣治監督・光雄投手（石巻高）

仙台二中が甲子園で宮城勢初のベスト4になった翌年の１９４８（昭和23）年8月、学制改革に伴う第1回全国高校野球選手権大会が甲子園球場で開かれた。この記念大会に東北（宮城、福島、山形）代表として出場したのが石巻高。創部からわずか3年目、監督・**毛利理惣治**、右腕のエース・**光雄**の父子でつかんだ代表の座だった。

前身の石巻中に硬式野球部ができたのは46年6月。終戦と同時に活動が禁止され、ぶらぶらしていた柔道部や剣道部の部員たちが45年秋、宿直室で用具を見つけて野球を始めたのがきっかけだったという。練習は当時、社会人野球「日和倶楽部」のオーナー兼監督だった理惣治が指導し、理惣治は後に石巻高初代監督に就いた。部員の中で抜群の技能を持ち、投手として起用されたのが二男の光雄。光雄は石巻中に硬式野球部がなかったため、小学校卒業後に理惣治の薦めで日大三中（東京）に進んだが、戦局が激しくなって2年生時の44年に石巻中に転校していた。

理惣治の情熱あふれる指導で石巻中は着実に力を付け、1年目に名門仙台一中を破り、2年目の夏には早くも東北大会までコマを進めている。そして翌48年夏。新制高の3年生として光雄らが残った石巻高は仙台一高とともに東北大会に進むと、郡山工高（福島）、山形二高（山形）を次々下し、決勝で前年の東北大会で1—2と惜敗した福島商高（福島）と対戦した。この試合の石巻は打線が活発で四回までに早くも4—0とリード。守っては光雄が福島商打線を無安打に抑え、九回に失策絡みで1点を失ったものの、結局4—1の大差で偉業を成し遂げた。

甲子園での石巻は、大会第1日の第1試合で同じ初陣の関西高（岡山）と対戦した。マウンドに立ったのは光雄。前日の宿舎で、ふさがっていたユニホームのボタン穴を開けようとして左手人差し指をハサミで切るアクシデントに見舞われていた。試合では「夢中だったので痛みを忘れていた」が、「（球場が）大きいなというのが第一印象。キャッチャーが遠くて投げにくかった」（『石巻圏　20世紀の群像』）という。その違和感を関西に見透かされたように、石巻は選手が落ち着かない初回にバント攻撃でかき回されて早くも3失点。その後も加点を許した石巻は、0—

7の五回からようやく反撃に転じ、七回には2点差に詰め寄ったものの、終盤にまた関西に加点されて6―9で敗退した。

石巻高野球部の誕生、発展に果たした役割が大きかったと称えられる理惣冶。仙台商―早稲田大でそれぞれ捕手として活躍した後、家業のみそ・しょう油製造業を継ぎながら野球にも情熱を注ぎ、1914（大正3）年に日和倶楽部を結成してオーナー兼監督に就いた。同倶楽部には、石巻に疎開していた「七つの魔球を持つ」といわれた名投手で、後に野球殿堂入りした**若林忠志**（元阪神監督）を戦後間もなく迎えている。また、理惣冶は31（昭和6）年、所有する石巻市水押の原野に野球場を建設して市に寄付するなど、広く石巻地方の球界に功績を残しており、「石巻野球界の父」とも呼ばれている。光雄の兄**健一郎**も40年に仙台一中の三塁手として甲子園に出場した。

北朝鮮へ渡った鉄腕

波山次郎投手(東北高)

「『北へ渡ったヒーロー』〜北朝鮮帰国事業とは何だったのか〜」。2005(平成17)年3月6日、東北放送ラジオでこんなタイトルのドキュメンタリーが放送された。「ヒーロー」は**波山次郎**。東北高のエースとして2年連続甲子園に出場し、3年生の夏には宮城勢として仙台二中(現・仙台二高)以来の甲子園準決勝進出を果たした伝説の鉄腕投手だ。

仙台市内の中学校から1957(昭和32)年に東北高に進んだ。右腕からの速球に加えて、当時は「ドロップ」といわれた鋭く縦に曲がるカーブを武器に、2年生で強豪校のマウンドを任された。その年の6月に満員の仙台・評定河原球場で行われたのが、同年春のセンバツ高校野球で全国制覇したばかりの早稲田実業高(東京)との親善試合。波山のデビュー戦であり、対する早実のエースで4番打者は後の「世界のホームランバッター」**王貞治**だった。

王は同ラジオ番組の中で、波山との対決について「最初は2つか3つか分からないけど、三振、三振だった。僕はそれまで攻略に苦労した投手がいなかったので、波山君の名前や投球スタイルは印象的だった」と語っている。試合はこの後、王が右翼場外へ3点本塁打を放った早実に軍配が上がったたが、「東北の波山」は広く知れ渡った。

第40回全国高校野球選手権（58年）。記念大会で1県1校の出場となったこの大会に、2年生エース波山を擁する東北高は県大会5試合中、初戦から2試合はコールドゲーム、続く3試合は完封でそれぞれ勝って甲子園にコマを進めた。同校3度目となる甲子園の1回戦は対南山高（長崎）だった。スコアは1―0の僅差だが、東北高はこの試合、17奪三振、被安打2という波山の快投で勝利。続く2回戦では波山が再び先発したものの、中盤に敦賀高（福井）の中軸打線に捕まって0―7で完敗した。

翌年の東北高は**嶺岸征男**、波山両右腕の継投策を確立するなど盤石の態勢で県大会、対喜多方高（福島）との東北大会の全6試合を零封勝利し、甲子園への切符を手にした。迎えた第41回全国選手権。東北の投手陣は1回戦から3試合、いずれも2ケタ奪三振の力投で準決勝に進出した。このうち準々決勝の日大二高（東京）戦では、先発嶺岸がスピード豊かな外角直球で四回途中まで零封すれば、代わった波山も相手の反撃を2点に抑え、奪った三振は計16。結局3―2で日大二高を退け、宮城勢としては47年の仙台二中以来、2度目の準決勝進出を果たした。

準決勝は左腕・**大井道夫投手**を擁する宇都宮工高（栃木）との対戦となった。二回から波山、大井の両エースの投げ合いで1―1のタイスコアで延長に入った十回、一死一、二塁の好機を迎えた宇都宮工はバント策に出た。ところが飛球になり、好機はついえたかに見えたが、これを捕って併殺を狙った波山が二塁に悪送球。この間に二塁走者が生還し、あっけない幕切れとなった。「東北にとって惜しまれるのは、二塁走者が本塁を踏む以前に一塁走者が帰塁しないでベンチに引き上げたのに気付かなかったこと。この時アピールすれば一塁走者と併殺になり無得点にすることができただろう」（河北新報・戦評）ともされる悔やまれる敗戦だった。

波山の悔しさは敗戦だけではなかった。試合後に発表された米国・ハワイへ派遣される全日本高校チームの一員に外野手として嶺岸の名前はあったものの、波山は選ばれなかった。当夜の東北高宿舎でのこと。「準決勝で負けたのと、全日本メンバーに選ばれなかったことで、後にも先にも波山の涙を見たのはあの時だけだった」。ラジオドキュメンタリーの中でチームメートがこう語っている。波山は同じ日に東北高の出場が決まった秋の国民体育大会にも同行できなかった。当時立ちはだかった在日朝鮮人に対する厚い壁。それ以前に早実の王貞治も同様の壁に跳ね返されていた。

高校を卒業した60年、波山は期待されて大洋に入団した。同時にプロ入りしたチームメートに嶺岸（大毎）と**黒川豊久**（内野手、西鉄）、**鈴木征夫**（外野手、西鉄）の３人がいる。しかし、投手として波山が１軍で登板したのは24試合。通算２勝４敗、防御率２・57。外野手として打席にも立ったが思うような成績が挙げられなかった。

力及ばず5年で退団し仙台に戻った65年、波山は両親と、結婚していた実姉を除くきょうだい3人の計6人で北朝鮮（朝鮮民主主義人民共和国）へ渡った。ラジオドキュメンタリーによると、そんな波山が唯一、高校時代のチームメートに送ってきたのは72年9月4日付の手紙。北朝鮮に渡って7年目で、届いたのはその1ヵ月半ほど後だった。それから何年か経ち、仙台在住のチームメートに朝日新聞大阪本社の運動部員から「波山が2、3年前に亡くなった」と電話が入った。「事故死」というだけで情報はあいまいなものだったという。当時は朝鮮半島情勢が緊迫化していたころ。チームメートの間では「軍服に身を包み、北朝鮮と韓国の国境で戦死」という波山の勇ましい姿が語り継がれていったが、その後、仙台在住の実姉のもとに届いたきょうだいからの手紙で真相が明らかになる。それによると、波山が不帰の人になったのは1979年7月5日。38歳の若さだった。さらに死因は実姉が2004（平成16）年に北朝鮮を訪れた際に判明した。波山が中国との国境付近の工場で責任者として勤務中、故障した電気設備を自力で直そうとして感電死したという。責任感の強い波山らしい最期だったとチームメートはエースの死を惜しんだ。

同番組では、訪朝2度目の実姉が波山の実弟（65年東北高卒、野球部エース）と会った際に収録した録音テープを紹介。その中で次郎ら兄弟2人がともに平壌で野球をやり、対キューバとの親善試合では次郎が代表チームのエースを務めたことが語られていた。

血染めの投球で初の甲子園

熊谷猛郎投手（気仙沼高）

1962（昭和37）年7月30日、福島市の県営信夫ヶ丘球場。第44回全国高校野球選手権東北大会（宮城、福島）決勝は、気仙沼高（宮城）が保原高（福島）を1―0の投手戦の末に下し、初の甲子園への切符を手にした。

「あの優勝の瞬間は今でも言い表すことのできない感動的なものでした。選手、大応援団、まさに嬉しさのあまり狂喜の集団と化しました。傷付いた右手親指の出血が白球に染め付いて、投げる**熊谷猛郎投手**の一球血痕の激投。甲子園に連れて行ってくれたそのマウンド姿に、われわれは感謝せずにはおられませんでした」――。「三陸の王者」と自負するものの、それまで夏秋計3度、東北大会の決勝で敗れて甲子園への切符を逃してきた気仙沼。4度目で悲願達成した瞬間を当時の**佐藤国雄左翼手**はこう振り返る。

エース熊谷のアクシデントは宮城大会準々決勝の対仙台商高戦で起きた。七回に自打球を利き手の右手親指に当てて3針を縫うけがをした。しかし、打線低調の気仙沼にとって投打の大黒柱・熊谷抜きの戦いは考えられない。エースは翌日以降もベンチに医師を置いて手当てを受けながら力投。続く宮城代表決定戦の対仙台一高は3―1、東北大会1回戦の対双葉高（福島）は延長十四回3―1といずれも一人で投げ抜き、決勝では得意のドロップ（縦のカーブ）を駆使した投球で保原打線を散発5安打に封ずる一方、打っては三回に自ら決勝打を放って気仙沼を甲子園に導いた。

甲子園出場を果たした気仙沼は初戦で惜敗したものの、熊谷の投打は大舞台でも光った。相手は**八木沢荘六投手**（後にロッテ）を擁して高校野球史上初の春夏連覇を狙う作新学院高（栃木）。組み合わせ抽選では大会第1日に対戦が決まったが、作新学院ナインは集団赤痢に見舞われて八木沢の登板が不可能となり、異例の措置で第4日にカード変更になった。結局、作新学院はマウンドに八木沢に代わる**加藤斌**（後に中日）を送って初戦となったが、試合は初回に作新学院が1点を挙げて先行。追う気仙沼は四回、熊谷が安打で出塁し、続く**島田邦夫**とのヒットエンドランが安打となって一、三塁とした後、加藤のボークで同点とした。五回以降は熊谷―加藤の息詰まる投手戦。九回からは照明灯が点灯され、延長戦にもつれ込んだ。

その十一回、作新学院は一死後に内野ゴロ失で生きた走者が、後続の中前打で二塁から一挙ホームをついた。中―投―捕の好返球だったが、捕手が滑り込んだ走者にタッチする際に落球したため決勝点となり、気仙沼の甲子園初勝利はならなかった。

作新学院はその後も身長180センチの右上手投げ本格派・加藤の活躍などで勝ち進み、春夏連覇を達成したが、同校監督は優勝決定後、「1回戦（対気仙沼）と決勝戦が一番苦しかった」と振り返った。その優勝校を苦しめた気仙沼の熊谷は試合後のインタビューで「立ち上がり、腕が縮んで球に伸びを欠き、打たれたのは残念だった。それ以後はドロップ、シュートとも会心のできだった。思い残すことは何もありません」と話している。熊谷は卒業後、社会人野球の東芝―電電東北（現NTT東北）でプレーし、母校・気仙沼高の監督も務めた。

全国へ羽ばたいた好敵手

大久保美智男（仙台育英高）、薄木一弥（東北高）両投手

1970年代末、宮城の高校球界は2年続きの私立2強の本格派右腕対決で盛り上がった。主役は身長183センチの**大久保美智男**（仙台育英高）と、182センチの**薄木一弥**（東北高）の両大型投

手。大久保が夏の県大会を制し、甲子園で球史に残る延長十七回の死闘を演じれば、薄木は秋の明治神宮大会で、チームを宮城の高校として初の〝全国制覇〟となる優勝に導いた。

78（昭和53）年8月8日、甲子園球場での第60回全国高校野球選手権大会第2日は、1回戦第1試合の仙台育英―高松商（香川）にファンの目が集まった。見どころは、春の東北大会から連続59イニング無失点を続ける大久保と、同年春の選抜高校野球大会2回戦で薄木を擁する東北高に敗れ、その雪辱を期す高松商・**河地良一**との投げ合い。午前9時に始まった試合は、大久保が力のある速球で押しまくれば、河地も切れの良いカーブを武器に対抗する投手戦となり、0―0のまま延長にもつれ込んだ。

スタンドで引き分け再試合の声が出始めたのは、高松商の十七回の攻撃が終わるころ。しかし、仙台育英はその回裏、高松商の守りの弱点を巧みに突いてサヨナラ勝ちした。先頭の**星伸一**が内野安打で出塁すると、**氏家規夫監督**（旧姓・金沢）が次打者に命じたのは三塁前へのセーフティーバント。だが、打者が狙ったコースは「河地の守りの弱点だ」と読んでいた一塁手寄りで、これが的中してチャンスを広げた。リズムを崩した河地が後続の送りバントと、敬遠の四球で1死満塁のピンチを招いた後、迎えた打者が**嶋田健**。嶋田は河地が投じた205球目をヘルメットに受け、これが押し出しの死球となった。試合開始から3時間半。熱戦のドラマは、夏の甲子園6度目の出場で仙台育英が初勝利をサヨナラで飾って幕を閉じた。連続無失点を76イニングに伸ばし、１８１球を投じた大久保。「河地君のスピードがだんだん落ちていくのが分かった。僕は体力なら絶対に負けない自信があった」と振り返れば、氏家監督も「あの子の口から〝体が痛い〟〝疲れた〟という弱音は聞いたことがない」とそのスタミナを絶賛した。

仙台育英はその後、2回戦で所沢商（埼玉）を4―1で下し、大久保の連続無失点も七回まで83イニングに。またも四国勢の高知商とぶつかった3回戦は2―4と敗れたが、「無失点男」と騒がれ、出場各チームに徹底的にマークされながら、ストレートで押しまくる堂々たる投球でプレッシャーをはねのけた大久保の名は、しっかりと高校球史に刻まれた。

その1年前、2年生だった大久保は夏の県大会決勝で延長十二回、3時間にわたって東北・薄木と投手戦を繰り広げ、1―0で勝って同じ甲子園のマウンドに立ったものの、初戦で敗れていた。大久保が当時から備えていた度胸と根性は、中学（塩釜二中）のころの新聞少年時代に培われたようだ。野球好きで、新聞少年の野球大会があることを知って河北新報の配達少年になり、3年生時に投手として県大会で優勝を経験している。また、陸上競技の県大会3種競技（１００《メートル》走、走り高跳び、砲丸投げ）で優勝し、全国8位に入るなど高い運動能力も持っていた。高校卒業後、ドラフト2位で広島に入団。背番号「1」をもらい、エースへの成長が期待されたが、身体能力を生かしきれず、その後は外野手に転じて85年を最後に引退した。プロ通算の投手成績は6試合、0勝0敗0セーブ、防御率3・60だった。

甲子園出場が決まる1977（昭和52）年夏の県大会決勝で、仙台育英高・大久保との投手戦に敗れた東北高・薄木が、悔しさをバネに県大会―東北大会とトップに上り詰めたのは同年秋だった。

夏と同じ仙台育英との決勝となった県大会で、薄木は打ち気にはやる相手打線をほんろう、再三、走者を置いて打席に迎えた主砲・大久保をピシャリと抑え、5―2で夏の大会の雪辱を果たした。続く東北六県秋季大会でも東北高の勢いは止まらず、日大山形高（山形）、黒沢尻工高（岩手）を連破し、決勝では弘前実業高（青森）を16―1の大差で退けた。この試合の東北高は大量リードでも満足せず、さらにスクイズで加点する一方、先発のエース薄木が制球を乱せば、ワンポイントリリーフを送って〝おきゅう〟を据えるなど、全国制覇に照準を合わせた**竹田利秋監督**の采配が際立った。

竹田采配の効果は、11月に神宮球場で開かれた第8回明治神宮大会で表れた。東北地区代表の東北高は佐世保工高（九州地区）、府中東高（中国地区）、長島高（東海地区）、高知商高（四国地区）を次々下して初優勝。舞台が甲子園ではなかったものの、初めて〝全国制覇〟を成し遂げた。この大会の薄木は4試合、32回3分の2を投げ、失点は決勝でのわずか1。その決勝では自ら決勝点をたたき出す活躍で、「東北の江川」の声がスタンドから飛んだ。

明けて78年3月。薄木を擁する東北高は第50回選抜高校野球大会に臨んだ。薄木は右の本格派三本指の一人に挙げられ、前評判が高かった。しかし、1回戦の村野工高（兵庫）戦は3―2で勝ったものの、薄木の投球は精彩を欠き、村野工の監督に「カーブピッチャー」とまで言われた。続く2回戦で当たったのが、この年の夏に仙台育英・大久保と延長17回の死闘を演じることになる好投手・河地を擁する高松商高（香川）。「なにクソ」と発奮し、「逃げずに攻めの投球をした」薄木は速球で勝負を挑み、5―3で高松商を振り切った。

準々決勝は浜松商高（静岡）が相手。東北高は守りの集中を欠いて失った2点を必死で追ったが、好打が野手の正面を突く不運が重なり、反撃の形を組めないまま0―3とベスト4を前にして敗れ、神宮大会の再現はならなかった。

「やはり投げ込みが足りませんでした。走り込んで体力を付け、十分に投げ込んで夏にまた来ます」と話して甲子園を後にした薄木。しかし、その夏の県大会決勝で再び仙台育英と対戦した東北高は、大久保を打ち崩せずに0―7と大敗し、薄木の誓いは果たせなかった。この試合の薄木は四回途中で降板。春先の膝の故障で満足にランニングができず、不本意な投球に終わった。名取市の小学生時に野球を始め、中学でもエースだった薄木。高校卒業後は電電東北に進み、地元でプレーし続けた。

リベンジの104球

中条善伸投手(東北高)

「甲子園のアルプススタンドが『ウォーン』とどよめく。東北（宮城）快勝。八日開幕した第62回全国高校野球選手権大会のオープニングゲーム。東北は初出場の瓊浦（長崎）の挑戦をエース中条が鮮やかに退けた。甲子園には三度出て一度も勝てなかった〝不運のエース〟が、この日は三振の山を築いて五万五千の大観衆の目を奪った」――。その瞬間を1980（昭和55）年8月9日付河北新報は『甲子園　東北の顔』でこう伝えた。「ノーコン投手」「ローカル投手」「ガラスのエース」とも呼ばれた**中条善伸**が甲子園でようやく認められた瞬間でもあった。

女川一中3年生時に東北中学校野球大会で優勝投手となり、名門・東北高へ進学した。2年生で背番号「1」を付け、春夏連続4度甲子園のマウンドに立った。しかし、79年春のセンバツから3度はノーコン病に泣き、あるときは四球を連発、またあるときは打ち込まれてマウンドを降りた。「チームメートにも迷惑を掛けたし、自分でも才能がないのかもしれない」と悩み、2年の夏に当時の**竹田利秋監督**に退部したいと相談したこともあったという。同監督から励まされ

「今の苦しみから逃げたら、これからの人生でも負けることになる」と思いとどまり、猛練習を積んで迎えたのが80年夏の大会だった。

初戦の対瓊浦では初回にいきなり3者を3球三振に仕留め、六回まで一人の走者も出さないパーフェクトピッチング。七回の先頭打者に右前打を許して大記録の夢が断たれたときは、場内がむしろホッとしたようにどよめいた。試合は4―0で東北高が勝ち、104球で被安打2、無四球、13奪三振の中条は完封でリベンジを果たした。同大会での中条は2回戦の対習志野高（千葉）でも7―0の完封勝利を飾ったが、続く浜松商高（静岡）戦は6―4で敗れ、東北高のベスト8入りは成らなかった。

その後、中条はプロの道を選び、80年12月にドラフト外で巨人と契約して入団した。このときのドラフト1位が**原辰徳**（東海大―現・巨人監督）だった。83年6月、中条はイースタンリーグでの活躍と、貴重な左腕としての戦力を評価されて1軍入り。同月14日の対阪神戦で**江川卓**をリリーフし初登板、初セーブを挙げた。この後、主に中継ぎとして19試合に登板し巨人のリーグ優勝に貢献。同年10月には17回連続奪三振のイースタンリーグ新記録が認められ、リーグ特別表彰を受けている。プロ5年目に南海（後にダイエー）に移籍した中条はその後、大洋を経て94年に再び巨人入りし、**落合博満**、**松井秀喜**、**清原和博**らの打撃投手を務めた。プロ通算165試合、2勝2敗3セーブ、94奪三振、防御率4・10。

東北高の一塁手として中条と春夏連続4度甲子園でプレーしたのが**安部理**だ。仙台市生まれ。営林署勤めの父親の転勤で東北各地を歩いた。野球とのかかわりは、秋田県鷹巣町にいた小学6年の時。「学童野球の選手が足りず、無理やりチームに入れられた」という。大船渡一中（大船渡市）時代に東北大会に出場して野球の面白さを覚え、東北高へ進んで中条と一緒になった。甲子園には一塁手として出場。3年生の夏の甲子園では、3回戦の対浜松商（静岡）に3点本塁打を打っている。卒業後は中条と同様にプロを目指し、1980（昭和55）年ドラフト4位で西武に入団。ファーム暮らしが続く中、歯を食いしばって練習し、1軍に上がった87年6月13日の対南海戦で初本塁打が満塁本塁打。シーズン後半には外野のレギュラーポジションを獲得し、その年の日本シリーズでも活躍した。97年にテストで近鉄入団。その後、東北楽天のコーチも務め、2012（平成24）年に移籍して西武コーチ。プロ通算816試合、458安打、38本塁打、217打点、18盗塁、打率2割5分8厘。

大旗を追い続ける元準Vエース

大越　基投手(仙台育英高)

2012（平成24）年3月26日、第84回選抜高校野球大会が開かれている甲子園球場にかつての剛腕投手が帰ってきた。早鞆高（山口）の**大越基監督**（七ヶ浜町出身）。純白の上着に「H」が映えるユニホーム姿だったが、4連投による右肘の痛みに耐えながら、決勝の延長戦で力尽きたあの夏のグレーのユニホームに「IKUEI」のマークを思い起こす野球ファンも少なくなかった。

あの夏とは、元号が昭和から平成に改まった1989年の第71回全国高校野球選手権大会。仙台育英高のエース大越は初戦から決勝まで全6試合、56イニングを1人で投げ切った。仙台育英のみならず宮城勢の同選手権大会決勝進出は初めて、東北勢としても第1回大会の秋田中（秋田）、51回大会の三沢高（青森）、53回大会の磐城高（福島）に次ぐ4度目の快挙で、東北球児の悲願だった深紅の大優勝旗の白河の関越えまであと一歩だった。

同大会での大越は、2回戦（対京都西高）で九回に1安打を許しただけの、もう一歩で無安打無失点の投球を演じ、東北勢対決となった3回戦（対弘前工高）では長打力も発揮して、1―1の八回に左翼スタンドへ決勝の本塁打を放った。準々決勝の相手・上宮高（大阪）は同年春の準優勝校。大越はこの試合でも強気の攻めで上宮打線を2点に抑え、春にホームランを打たれた好打者・**元木大介**（後に巨人）から三振を奪って10―2で雪辱を果たした。尽誠学園高（香川）との準決勝でも大越は投打に活躍し、相手打線を2点に抑える一方、延長十回2死から中前に適時打して決勝点を挙げた。

決勝は**吉岡雄二投手**（後に巨人―近鉄―東北楽天）を擁する帝京高（東東京）と激突した。試合は大越、吉岡の両右腕エースの力投で、0―0のまま決勝戦としては大会史上10度目の延長戦へ。胸を締め付けられるような緊迫感の中で迎えた十回表、大越がついに力尽きた。安打と四球、送りバントで背負った1死二、三塁で、帝京・**鹿野浩司**に投じた速球を中前に弾き返された。仙台育英は痛恨の2点を失い、その裏、2死から**藤原伸行**が二塁打で出たが、帝京に押し切られた。3回戦からの4日連投で大越が投じたのは564球。東北勢の史上初の優勝は成らなかったが、その熱投は勝敗を超えて、見る者の心を打った。

甲子園準優勝投手の大越が選んだ次の進路は東京六大学野球だ。早稲田大のユニホームを着た。1年生の春に早くも起用され、春季リーグ戦で3勝をマーク、伝統の早慶戦で優勝投手にもなったことから、早大の黄金期到来かと思わせた。しかし、若きエースは、個よりも集団を重んじる早大野球部の練習方針や雰囲気になじめなくなり、同年11月に退部し、1992（平成4）年3月には大学も中退して米国に渡ってマイナーリーグでプレーした。

帰国は、同年秋のドラフトで1位指名され、福岡ダイエー（現・ソフトバンク）に入ったためだ。投手としての入団だったが、3年間の通算成績は13試合で0勝0敗、防御率3・95。4年目に野手に転向した。直後は2軍投手の球でさえ、打球が内野手の頭を越えず「自分が一番下手くそだと分かって目が覚めた」。以後、別人のように練習に打ち込んだという。1軍では代走や守備固め要員に徹し、ダイエーが**王貞治監督**の下で初の日本一になった99年8月8日の近鉄戦では、5―5の延長十回2死一塁で、右翼への大飛球を捕ってフェンスに激突、脳震とうで病院へ搬送されている。大越は、2003年の日本シリーズ終了後、戦力外を通告され、32歳で現役生活を終えた。プロ11年間の通算成績は365試合で50安打、1本塁打、24打点、打率2割3分7厘だった。

プロを退いた大越が次に追い求めたのは指導者への道だった。プロ野球選手だった30代に入るころからイメージを膨らませ、退団翌年の04年にその実現へ突き進んだ。東亜大（下関市）に編入学し、3年通って教員免許を取得、07年に同市にある私立・早鞆高の保健体育教諭となった。その後、2年間の野球指導者経験を経て、09年5月に日本学生野球協会の審査を受け、アマチュア指導者資格を取得。同年夏から異郷の地の早鞆高野球部を率いて、2年でチームを強豪に育て上げ、今度は監督として甲子園への切符を手にした。あの夏から23年。ポジションをマウンドからベンチに代えて臨んだ12年の選抜高校野球大会は、初戦で智弁学園高（奈良）と対戦した。大越は試合中、ほとんど座ることはなく、身を乗り出すようにして選手を鼓舞したが、チームは逆転を喫して敗れた。それでも大越は試合後の記者インタビューで「きょうがスタート。選手時代に果たせなかった優勝旗を目指したい」と語った。

アマでも、プロでも「最速球」

佐藤由規投手（仙台育英高）

2007（平成19）年8月15日、第89回全国高校野球選手権大会第8日の第2試合は、甲子園球場で午前11時に始まった。関西の強豪・智弁学園高（奈良）と剛腕・**佐藤由規投手**を擁する仙台育英高との2回戦。注目のカードに5万人の観衆が詰め掛け、同大会初の満員札止めとなった。猛暑の中でスタンドがどよめいたのは四回裏だった。佐藤が智弁学園の先頭打者に2―1から投じた5球目は直球。その球速がスコアボードに表示された。「155キロ」。甲子園史上最速記録を塗り替えた瞬間だ。150キロ台はこの回だけで7球に上った。

記録更新の前兆は、6日前の1回戦にあった。相手は甲子園春夏3度の優勝を誇る智弁和歌山高（和歌山）。佐藤はこの試合で最速タイとなる154キロをマーク、被安打5、毎回奪三振17の快投により、4―2でチームを2回戦に導いていた。

甲子園球場にスピードガンが設けられたのは1992年春。高校野球では04年からスコアボードに球速表示を始めたが、最速とされていたのは、01年夏に中継テレビ局のスピード計時で出した日南学園高（宮崎）の**寺原隼人**（ダイエー―ソフトバンク―横浜―オリックス―ソフトバンク）の154キロだった。

智弁学園戦で「最速球投手」になった佐藤。だが記録達成直後の五回裏に落とし穴が待っていた。0―0で迎えたこの回、佐藤は制球が乱れ、3四死球と5安打で打者11人の猛攻を受け、5失点。味方打線が九回に反撃したものの、2―5で敗れた。佐藤が155キロを出した時、智弁学園の監督は「あの球を打てばお客さんは拍手してくれる。観客席も味方だと思え」と選手にハッパをかけたという。これに対して佐藤は「バッター勝負、と気持ちが前にいき、（フォームの）バランスが崩れた」と悔しがった。

全国制覇の夢は果たせなかったが、佐藤の快投にはプロのスカウトも目を丸くした。次に注目されたプロ野球ドラフト会議では、1巡目で5球団競合の末、ヤクルトが交渉権を引き当てて入団が決まった。ヤクルトでの佐藤は、高卒ながら1年目から1軍のマウンドに上がって2勝1敗。2年目には開幕1軍の切符を勝ち取り、先発ローテーション入りしたが、指にまめができて出場選手登録抹消が4度と苦しみ、5勝10敗と負け越した。飛躍したのは3年目の10年。2ケタの12勝（9敗）を挙げて先発の柱となり、同シーズン中の8月26日には、神宮球場での横浜戦で日本人最速の「161キロ」（テレビ中継の表示は152キロ）をマークして、元巨人の**クルーン**が記録したプロ野球最速「162キロ」に迫った。

佐藤は仙台市出身、179センチ、76キロ、右投げ左打ち。プロ通算68試合、26勝26敗0セーブ、351奪三振、防御率3・46。実弟・**貴規外野手**が10年にドラフト育成枠で仙台育英から兄のいるヤクルトに入団した。

高校生の速球ではその後、岩手・花巻東高の右腕・**大谷翔平投手**が12年7月19日、盛岡市の県営球場で行われた全国高校野球選手権岩手大会準決勝の一関学院戦で、高校生最速の160キロ（球場表示）をマークしている。

※大谷は13年、日本ハムでプロ人生をスタートさせた。

甲子園で選手宣誓

小泉芳夫（仙台一中）、石川喜一郎（石巻高）、高橋左和明（仙台育英高）、阿部翔人（石巻工業高）の各選手

全国の高校球児があこがれる甲子園球場。90余年にわたって各地区代表が熱戦を繰り広げてきたこの晴れ舞台に立つことは、彼らの「最大の夢」だ。まして大会の華ともいえる開会式で選手宣誓するとなると「夢のまた夢」だが、球史をたどれば宮城勢でこの幸運をつかんだ球児が4人いる。**小泉芳夫**（仙台一中、現・仙台一高）と**石川喜一郎**（石巻高）、**高橋左和明**（仙台育英高）、**阿部翔人**（石巻工高）の各選手だ。

このうち小泉は、1942（昭和17）年の大会で選手宣誓した。2年前の第26回全国中等学校優勝野球大会に続く甲子園出場だったが、戦時色がいよいよ強くなった中での42年の大会は、文部省が主催したいわば「官営野球大会」だった。それまで主催していた朝日新聞社は官営野球となったため主催を下りており、全国中等学校優勝野球大会の回数としてカウントしていない。こ

のため、仙台一中・一高野球部は「幻の甲子園大会」として語り継いでいる。
小泉は出場した16地区の代表として次の宣誓文を読み上げた。

われらは只今の御訓示を体し、平素学校報国団における修練の成果を遺憾なく発揮するとともに、必勝不敗の信念を培い、皇国次代を双肩に担うべき青年学徒としてあくまでも正々堂々と戦い、以て本大会の趣旨に副《そ》はんことをお誓いします。

小泉は後に、「(甲子園の)最高の思い出は全国代表として選手宣誓したことです。もっともこれは今の選手宣誓とは異なり、文部大臣訓示に対する答辞みたいなものでしたが、これも時代のためでした」と記している。
仙台一中は1回戦で、後にプロ野球・毎日オリオンズで活躍し「日本の**ボブ・フェラー**」「和製火の玉投手」とうたわれた**荒巻淳投手**を擁する大分商と対戦した。小泉は4番、投手として試合に臨んだ。仙台一中は2―2で迎えた八回裏、ベンチの巧みな采配と荒巻投手の失策などで勝ち越した後、九回表には**富田実左翼手**が、フェンス際の大飛球を金網フェンスのボルトに当たって負傷しながらも捕球する美技で守り切り、3―2で同校として甲子園初勝利を挙げた。2回戦は広島商とぶつかったが、宿泊中の食生活が災いしてか、ほとんどの選手が体調を崩しての戦いだったという。試合は中盤までシーソーゲームの様相を呈した末、「体力の消耗が気力にも及んだ」（小泉）仙台一中が10―28で敗れた。

小泉は戦後、監督やコーチとして母校・仙台一高野球部の指導に当たったほか、東北学院OBとして仙台六大学野球リーグの理事も務め、92（平成4）年には第8回全国還暦軟式野球大会で「オール仙台」の主将として全国制覇を果たしている。

仙台一中・小泉主将の選手宣誓から終戦を経て6年後の1948（昭和23）年8月、学制改革に伴って「全国高校野球選手権」となったその第1回大会が同じ甲子園球場で開かれた。東北代表は甲子園初陣の石巻高。石巻駅で盛大な見送りを受けたナインはコメやみそを持参して列車で大阪へ向かった。創部わずか3年目のチームのキャプテンは4番打者、捕手としてまさに要の石川喜一郎。その石川が選手宣誓の大役を担うことになった。

終戦と同時に活動が禁止され、途方に暮れていた柔道部や剣道部の部員たちが、遊びで始めたのが発足のきっかけだった石巻中硬式野球部。海軍予科練習生として入隊したものの、飛行機操縦ではなくタコつぼ掘りに明け暮れた末に敗戦となり、そのショックを引きずったまま復学した石川もその部員の一人だった。当時、石川が頻繁に遊びに行っていたのが、近くにある後の石巻中野球部の初代監督・**毛利理惣治**宅。そこで理惣治の二男・**光雄**とよくキャッチボールをするようになったが、ある時、「毛利の親父が出てきて、石川、おまえは身体もいいし本気で野球をやってみないか。戦争は終わったんだよ。いつまでもくよくよしていても始まらん。これからの青春を野球に賭けてみないか。うちの光雄とバッテリーを組んで甲子園に行こうや」と声を掛けられた。このひと声が自分の野球へのスタートになった、と石川は『汗と土と涙と　宮城県高野連40年史』に記している。

石川の選手宣誓を射止めたのは、マネジャーの**清水宏幸**だった。「甲子園の抽選会には石川キャプテンの代わりに私が行きまして、抽選会場に武川先生（**武川五郎部長**）と最後の方に着きました。会場に着いた順にくじを引いていきますから、自分が引く番になった時、3枚残っていたんです。自分では左端を引こうと思って前へ進んだんですが、なぜか真ん中を引いてしまった。それが組み合わせ順の1番目だったんです。開会式直後の第1試合、選手宣誓です。宣誓の練習をしている石川さん、ズーズー弁なので他の高校の選手たちが笑うんですよ。腹が立ちましてね」。清水は『石巻高校野球部50年史　柏球の足跡』の座談会の中でこう語っている。

われわれはスポーツマンシップに則り、正々堂々試合し、誓って高等学校野球の精華を発揮せんことを期す。

「うまくやってくれよ」とチームメート全員が祈る中、石川は宣誓した。開会式が終わって大会第1試合。石巻の初戦は関西高（岡山）が相手だった。試合は四回までに0―7と大量リードされた石巻が、五回から必死に追い掛けたものの及ばず、6―9で涙をのんだ。「甲子園では残念ながら第1戦で敗れたが、開会式では選手宣誓の光栄に浴し、張り上げたズーズー弁と、まるでスリバチの底のように熱かったグラウンドを忘れることはできない」。初戦で散った1948年8月13日を石川は『汗と土と涙と』でこう表現した。

われわれ選手一同は、全国高校球児の夢とあこがれのこの甲子園球場において、新しい時代の幕開けにふさわしい技と熱のこもった試合を展開することを誓います。

「現代っ子らしく、上がることもなく堂々としている。立派なものです。私の場合、入場行進は足が地に着かなかった」。高校野球選手権となって1回目の甲子園で選手宣誓した石川が、テレビの前で感無量の思いで聞いたのは、あれから41年後の1989（平成元）年8月9日午前9時37分、時代が「昭和」から「平成」に変わった第71回大会開会式での選手宣誓だ。甲子園を埋めた観衆は約5万人。グラウンドに勢ぞろいする49校、700人余りの選手の中で、たった一人、仙台育英高の高橋左和明主将が輝いた。

選手宣誓は狙っていた。「日ごろ、目立たないし『宣誓』でかえって目立っていいじゃないかですか」と引いたのが残り10数枚のくじの中の1枚。テーブル上の残りくじをかき回すと、うっすらと「一番」と読み取れる札が目に入った。「チャンス」とばかりに迷わずにそれを手にしたという。宣誓文は、高橋が本番前日、ナインたちの意見を参考にしながら自分で作成し、**渡辺征夫部長**と**竹田利秋監督**にチェックしてもらった。

背番号「14」。高橋は正選手ではない。この大会ではベンチを温め、主に味方のピンチの時にマウンドへ駆け寄り、選手への伝令役を務めた。雄勝町（現・石巻市）出身。小さいころから野球が大好きで「竹田監督のもとに行けば、甲子園に行けると思った」と仙台育英に進学した。169センチ、63キロと体の線が少々細いこともあって控えに回り、迎えたのが第71回大会。**大越基投手**を擁する同校は東北の代表として秋田中（秋田）、三沢高（青森）、磐城高（福島）に次ぐ4校目、宮城勢として初の決勝進出を果たす。帝京（東東京）との決勝戦は大越—**吉岡雄二**（巨人—近鉄—東北楽天）の息詰まる投手戦となったが、延長十回、4連投で力尽きた大越が帝京打線につかまり、0—2で仙台育英の夢は断たれた。「大会中は最後までベンチで声を上げることに徹しました」と高橋。背番号「14」は結局、決勝まで進みながら6試合一度も出番はなかった。それでも「最高の夏でした」と選手宣誓の大役から準優勝盾を胸に場内を一周するまでの14日間をさわやかに振り返った。

石巻工高の阿部翔人主将は、選抜高校野球大会では宮城勢初の選手宣誓を2012（平成24）

年3月21日の第84回大会開会式で行った。

宣誓。東日本大震災から1年、日本は復興の真っ最中です。被災された方々の中には、苦しくて、心の整理がつかず、今も当時のことや、亡くなられた方を忘れられず、悲しみに暮れている方々がたくさんいます。人は誰でも答えのない悲しみを受け入れることは苦しくてつらいことです。しかし、日本が一つになり、その苦難を乗り越えることができれば、その先に必ず大きな幸せが待っていると信じています。だからこそ、日本中に届けます。感動、勇気、そして笑顔を。見せましょう、日本の底力、絆を。われわれ高校球児ができること、それは、全力で戦い抜き、最後まであきらめないことです。今、野球ができることに感謝し、全身全霊で、正々堂々とプレーすることを誓います。

前をしっかり見据え、大きくはっきりとした口調で発信したメッセージは、甲子園のスタンドや同校の地元・石巻のみならず、全国の高校野球ファンの共感を呼んだ。

石巻工は21世紀枠で選出されての甲子園初出場だった。11年3月11日に東日本を襲った大地震と巨大津波によって同校グラウンドには約1・5メートル水がたまって5日間も引かず、泥やがれきを片付けるのに1ヵ月も掛かった。選手たちはそんな苦難を乗り越えて秋季県大会で準優勝し、秋季東北大会に初出場した。21世紀枠での甲子園への切符は、同校の戦績と地域社会に大きな希望を与えた功績が決め手となった。

選手宣誓は、出場32校の主将らによる抽選で決まった。机上に置かれた封筒を北の出場校から順に取る方式だが、5番目だった阿部は「手前が取られていたので、奥のものを手にした」と言う。司会者の合図で一斉に開封した結果、当たりを引いたのは阿部。その瞬間「何か縁があるなと思った。被災地の代表として、自分が言わないといけない使命があると感じた」。

宣誓文は部員全員の思いをホワイトボードに書き出してもらうなどし、それらを参考に阿部が考えた。開会式前日のリハーサルに体調不良の阿部が不参加というハプニングが起き、本番を心配する声もあったが、阿部は当日、元気な姿を見せて力強く宣誓した。「つらい状況でも笑顔を忘れないことを一番に言いたかった。間違えずしっかり言えてよかった。達成感がある」。阿部は大役を果たした気持ちをこう語った。

石巻工の試合は大会2日目。前年秋の九州大会を制した神村学園（鹿児島）と戦った。石巻工は4点を追う四回、阿部が適時打を放つなど、打者9人を送る一気の攻めで5点を奪い、逆転に成功した。しかし、この回の攻撃で、先発の**三浦拓実投手**が右手に死球を受けるアクシデント。五回の守りでは三浦の制球が乱れ、バックのミスも重なるなどして逆に5点を失い、試合をひっくり返された。この試合は結局、石巻工が5―9で敗れ、初勝利はならなかったが、最後まであきらめない同校の戦いぶりに、スタンドから大きな拍手が送られた。

同大会には東北地区から石巻工のほか、光星学院高（青森）、花巻東高（岩手）、聖光学院高（福島）の3校も出場した。このうち聖光学院のエース**岡野祐一郎投手**は石巻市出身。石巻工の阿部主将や三浦投手らと石巻中央リトルシニアで練習に励んだ。聖光学院は2回戦で横浜高（神奈川）に敗れ、8強入りを逃したものの、岡野は1回戦で鳥羽高（京都）打線を2安打に抑えて2—0と完封し、聖光学院を選抜大会初勝利に導いた。

また、夏春連続で甲子園準優勝を果たした光星学院の**村瀬大樹左翼手**は仙台市出身。状況に応じて小技や巧打で中軸につなぐ2番打者として、東北勢悲願の甲子園制覇へあと一歩まで迫った。父親は前・七十七銀行監督だった東北福祉大の**村瀬公三・助監督**。光星学院の**金沢成奉総監督**が公三の大学の先輩だった縁で、大樹は仙台市加茂中を経て光星学院に進学した。

第六章　高校野球指導者編

全国高校野球選手権大会の前身である全国中等学校優勝野球大会が始まった大正期、東北地区で強さを誇ったのは岩手勢だった。早稲田大の右翼手として活躍し、後に仙台鉄道管理局野球部の監督を務めた盛岡中（現・盛岡一高）出身の獅子内謹一郎の力が大きかったといわれている。獅子内は早大初の米国遠征に参加して学んだ新しい野球の知識や技術を、岩手だけでなく東北各地を回って指導した。これが盛岡中出身の名捕手・久慈次郎ら多くの名選手を輩出した背景となり、野球王国・岩手につながったという指摘だ。みやぎの指導者たちは「打倒岩手」を叫びながら、選手たちを叱咤した。

高校野球宮城大会で会場の一つとなる仙台市民球場

日本初の満塁策

村田栄三監督(仙台一中)

宮城勢が全国中等学校優勝野球大会に初出場を果たしたのは、1923(大正12)年の第9回大会。「打倒盛岡中」を合言葉に練習に励んだ**門脇浩道投手**、**関知四郎一塁手**を擁する仙台一中(現・仙台一高)だった。監督は早大出身の**浅沼誉夫**。後に巨人軍創設に関わった一人で、仙台一中は浅沼による猛練習で実力を付けた。この盛岡中や仙台一中の例が示すように、東北の中等学校野球の飛躍は、外部からの新しい血の注入が一要因とも言えよう。

昭和に入り、外部指導者としてみやぎの中等学校野球に貢献したのは**村田栄三**だ。岩手県二戸市出身。福岡中(現・福岡高)の捕手として2年連続で全国中等学校優勝野球大会に出場したほか、監督としても仙台一中、福岡中、新制の青森高、盛岡三高と、3県の県立4校を率いて計5度甲子園出場を果たした。

語り草となっているのが、現役で出場した1927(昭和2)年の第13回大会。準々決勝で高松商業(香川)と対戦した福岡中は、0—0の九回に1死三塁のピンチを迎えた。そこで**戸来**

誠―村田のバッテリーはボール、ボール、ボール……と故意四球で簡単に2人を歩かせた。日本野球史上初の「満塁策」。野手が守りやすくなる〝奇策〟は、村田のリードによるものだった。策は実り、1死満塁から高松商が仕掛けたスクイズを見破って三塁走者の**水原茂**（後の巨人監督）を挟殺、打者も三振に仕留めて無失点に抑えた。試合は延長の末0―1で福岡中が惜敗したが、村田は甲子園に大きな足跡を残した。

村田とみやぎの中等学校野球との関わりは、仙鉄野球部に籍を置いていた39年からだ。仙鉄の捕手の傍ら、職場の仙台一中OBの強い要請を受けて監督に就任。42年までの4年間に2度、同校を甲子園に導いた。村田は当時、仙台二中（現・仙台二高）のOBからも監督就任要請を受けたが、仙台一中に応諾した翌日の要請で、「1日、二中が遅かったということです」と後に振り返っている。村田が率いた仙台一中が甲子園の土を踏んだのは、**吉江英四郎投手**を擁した40年の第26回大会と、**小泉芳夫投手**を擁した42年の文部省主催の「官営野球大会」（それまでの主催者・朝日新聞社は外れる）で、42年の大会で仙台一中は**荒巻淳投手**（後に毎日オリオンズ）の大分商業（大分）を3―2で下し、3度目の甲子園で初勝利を挙げている。

「相手の弱点を瞬時に見極めて、失点を最小限にとどめ、少ない安打を得点に結び付ける――。仙台一中・一高野球部伝統の戦法は、村田氏の指導があったからこそ」。当時の選手の一人で、後に白石高監督としても甲子園に出場した**春日清**は村田の功績をこう称える。また、福岡高で指導を受けた村田の長男・**豊**は「基本に忠実だが、リスクを顧みない勝負師」と父親を評し、73年夏の甲子園で初出場ながら3回戦まで勝ち進み、「さわやか旋風」を巻き起こした盛岡三高のメンバーだった**高屋敷雅実**は「追い込まれてからスクイズのサインを出す、対戦相手の想像を超える秘策は、選手と監督との信頼関係があったからこそ成功した」と村田采配を振り返る。当時の村田は63歳。甲子園球場のダッグアウトでベンチに腰を落ち着け、表情を変えずにじっと戦況を見詰める老将の姿は、今も高校野球ファンの目に焼き付いている。

大型選手を集め、力の野球を追求

松尾勝栄監督(東北高)

仙台市泉区の東北高泉キャンパス内にある硬式野球部のグラウンドに、部員たちのプレーを見守る銅像が立つ。戦前と戦後の2度、通算16年間にわたって指導に当たり、「野球部育ての親」と言われた**松尾勝栄監督**の像だ。旧制中学以来、宮城県の高校球界をリードしてきた仙台一高、仙台二高からその座を奪い、東北高を立て続けに甲子園へ導いた。

松尾は1900（明治33）年、福島県で生まれた。早稲田中学を経て国学院大に進み、卒業後は同大野球部の指導にも当たった。最初に東北中学の監督に就任したのは30（昭和5）年。同校初代校長・**五十嵐豊吉**の強い要請に応じた。五十嵐は23（大正12）年に宮城勢で初めて仙台一中、25年に仙台二中と続いた全国大会出場に刺激を受け、チーム力アップのため東京から次々に指導者を招いており、その中に松尾がいた。監督就任時に松尾が五十嵐と約束したのは「1年で甲子園出場できるチームづくり」だった。五十嵐の信念と熱意に応えようと、スパルタ式の特訓が始まった。「他のチームが10やるなら、お前たちは12やれ」と気合いを入れ、午前3時に起床してのランニング、日没後も懐中電灯をつけ、ボールを石灰で白くしての打撃や守備練習、グラウンドを広げるための土木作業など筋力トレーニングも行われた。

「苦しさに耐え抜いてこそ、喜びを得られる」。松尾のこの言葉通り、東北中は30年に念願の甲子園出場を果たした。「私の長い野球生活で、一番の思い出の試合は、昭和5（1930）年夏の大会で初めて甲子園にコマを進めた時の盛岡での（東北大会）準決勝・盛岡商との対戦でした。九回表まで5点負けており、それを何とかものにした試合でした」。松尾は後に『南光学園八十年史』にこう記している。この試合は九回裏に東北中が6点を取って7―6と逆転サヨナラ勝ち。決勝では福岡中（岩手）を6―4で下した。

初出場の甲子園で東北中は2回戦から登場し、水戸中（茨城）を3―2で破り、宮城勢として全国大会初勝利を飾ったが、3回戦で平安中（京都）に0―15と大敗した。松尾は「1年で甲子園出場」の約束を果たして31年に東北中を去り、同年、東都大学野球連盟の前身、東都新5大学野球連盟の結成に参画している。

それから20余年後、新制・東北高は再び松尾を監督として招く。初代校長が「甲子園出場」の夢を託したのに対し、第3代校長・**五十嵐信四郎**は「全国制覇」の野望を抱いて松尾に白羽の矢を立てた。54年に国学院大理事の職を離れ、グラウンドに復帰した松尾が掲げた3大原則は「投手は速球、打撃は強振、守備は実戦」。チームは大型選手で編成されていた。なぜ大型選手なのか。野球部長として松尾、**竹田利秋**の2監督と甲子園をともにした**鈴木春彦**は、『汗と土と涙と宮城県高野連40年史』の中でその理由を探っている。

東北地方は気候・日没時刻の関係からハンディがあり、練習量、練習相手、試合数などが不足する。その不足分と、インサイドワークの足りない分は、力で補うほかなかったと判断したからである。自然に打ち勝つ苦肉の策だったのかもしれない。大型選手を集めた力の野球、それが必然的に力のバッティングを生み、速球投手を育てる。（中略）投手はスピードボールで勝負する本格派こそエースの第一条件であった。打撃は長打力中心。守備練習では、ノックに時間を掛けることが少なかった。ノックの球はつくられたものになる。試合に通用する守備力をつけるには生きた球でなければならない。だから打撃練習の中で常に実戦的に指導することを第一義に考えておられた。

松尾再登板の成果は57年から表われる。同年に宮城勢として初めて春の甲子園となる第29回選抜高校野球大会に出場（初戦敗退）すると、翌58年から61年まで4年連続で全国高校野球選手権大会にコマを進め、東北高の「第1次黄金時代」を築いた。この4年間、「選手の平均身長は173センチ、体重は67キロ。当時としては大型だった」（鈴木部長）。そして59年の第41回選手権大会では**波山次郎**、**嶺岸征男**の両投手を擁してベスト4に輝いている。その甲子園からの帰途、松尾は朝日新聞のインタビューに応じ、同紙宮城版『日曜談話室』の中で次のように振り返る。

うちのチームは松尾流だとか、特別な野球だとよく言われる。しかし、松尾野球なんていう特別なものはありませんのや。東北人としては、関西地方と同じ野球をやっていては勝てない。冬将軍がすぐきて、練習時間は西の方の3分の1だ。だから私は校長と一緒に5年計画で東北式の野球をつくった。ボールを線でなく点でとらえ、思いきり大きく振ることを中心にした技術です。（中略）強くなればなるほど悪評をたくさん受けますが、私はそれを甘んじて受ける。投・攻・守ともうちのやり方は根本的に間違っているとは思わぬ。東北人はすべてに立ち遅れているような気持ちを、私は野球で捨てさせてみせる。それに自信を持たせたいという気持ちでいっぱいだ。

だが、その後の東北高に立ちはだかる壁は厚かった。「看板の猛打もうまい投手にかかると手もなくひねられ、打てないことが致命傷となって負けたこともあった」（鈴木部長）。松尾は洗練された野球へと目を向け始めたが、自身の高齢化もあって思うような成果が残せない。そこで松尾が選んだ再建策が、国学院大の後輩で当時銀行員だった竹田をコーチに招くことだった。65年に東北高の社会科教諭に転身した竹田は、ゼネラルマネジャー格の松尾の下で指導に当たった後、68年に後任監督に就いた。みやぎの高校球界に大きな足跡を残した松尾。前記の朝日新聞『日曜談話室』の中で「こんな老生の私も、ことしは若い人と同じユニホームを着て頑張ったのだが、優勝できなかった」とも語っている。この言葉通り県内で松尾のユニホーム姿を目にすることは稀だった。

母校に捧げたサラリーマン人生

二瓶喜雄監督（仙台二高）

甲子園球場を舞台にした球児たちの戦いが、「中学野球」から「高校野球」となって、初めて宮城勢が躍進したのは１９５６（昭和31）年の夏。「中等学校」以来３度目の出場を果たした仙台二高が、**早坂義信**（後に日通浦和）─**関口昌男**（後に早大）のバッテリーで準々決勝まで勝ち進んだ第38回選手権大会だ。監督はＯＢ（33年卒─東北学院大）で東北電力社員の**二瓶喜雄**。家庭生活と会社員としての将来に代えて、後輩指導に人生をかけたサラリーマン監督の就任７年目の快挙だった。

基礎をしっかり固めようとする二瓶のグラウンドでの指導は厳しかった。無気力だったり、基本を外れたりしたプレーには容赦がなく、若いころは鉄拳も飛んだという。すべては「全国レベル」を見据えてのこと。教え子の１人で後に二瓶の後任監督になる**鈴木文夫**（54年卒、明大─東北開発）は、「（二瓶監督は）精神を鍛えることを大事にされ、体で野球の基本プレーをたたき込まれた。よく１００本ノックをされたが、１００本といっても１つエラーすれば、１回ノックの数が増える厳しいものだった」と述懐する。

半面、グラウンドを離れれば心優しい「親父」だった。早坂は甲子園出場した56年の県大会決勝前日、自宅に二瓶が訪ねて来て、「俺を甲子園に連れて行ってくれ」と懇願されたこと、早坂が祈願する「定義如来西方寺」について話したところ、「信じる」と言って帰っていったことなどを思い出話として紹介する。

二瓶の宿願は、早坂らの活躍で成就した。県大会優勝に続く東北大会で福島高、仙台一高、磐城高を破って甲子園球場に乗り込んだ仙台二高は、2回戦で慶応高（神奈川）を接戦の末4―3で下し、東日本チームで唯一準々決勝へコマを進めた。ベスト4をかけた相手は初出場の西条高（愛媛）。二瓶も選手たちも「全く敗れるとは思っていなかった」が、結果は0―2で涙をのんだ。

仙台二高に植え付けられた「二瓶野球」の本領を当時、最も理解し、警戒していたのは、東北高の野球を築いた**松尾勝栄監督**といわれる。『宮城県仙台二中・二高野球部史』は二人の心の交流を次のように記している。


二瓶さんが対戦相手に困ったり、二高グラウンドが使えないとき、松尾さんによくお願いした。いつでも松尾さんは快く引き受けられ、ベストメンバーに近い形で練習試合をしてくれ、手を抜かなかった。また、年度は忘れたが、東北高のセンバツ出場が決まったとき、2

月の寒い中、二高チームを引き連れ、東北高グラウンドで練習試合をしてやったのは二瓶さんだった。昭和31年8月3日、仙台二高は東北大会で優勝した。主将・早坂投手が胴上げされ、二高応援団席が歓呼の声に沸き立つ中、長身の老紳士が二高ベンチに来て「よかったね、よかったね」と二瓶監督の手を握り、「明日から出発までのスケジュールをすぐ組んでください。うちの選手を出して練習台に立たせます」と申し出た。二瓶監督の目から涙がこぼれた。誰あろうこの紳士こそ松尾監督だった。もちろん翌日から東北高の選手9人が二高グラウンドに現れた。

二瓶は69年まで仙台二高の指揮を執った（その後、81年度に限って再登板）。後任の鈴木に託した理由の1つが「東北電力を定年退職」だった。二瓶の指導を受け、後に高校野球の監督になった選手には鈴木のほか、**佐藤道輔**（56年卒、早大出）と**佐藤政良**（61年卒、慶大出）がいる。このうち道輔は早大卒業後に東京都立高の教員となり、4校の野球部監督を歴任。都立東大和高では夏の西東京大会で2度決勝に進出し「都立の星」と注目された。兄は旧制仙台二中が甲子園でベスト4になった47年時の捕手で、後に早大教授の**佐藤千春**（48年卒）。

「甲子園出場は胃袋の代償」

菅田　誠監督(仙台育英高)

九回表2死、東北高・**木皿成吉**の放った打球がセンターに上がった。落ち着いて反応した仙台育英高の**大槻道雄**。落下点に達すると打球をがっちりと受け止めた。4―1で仙台育英の逆転勝利。その瞬間、県営宮城球場（現・クリネックススタジアム宮城）一塁側スタンドから大歓声とともに五色のテープが飛び、紙吹雪が舞った。1963（昭和38）年7月30日午後3時50分、同校が創部34年目に念願の甲子園出場を初めて決めた瞬間だ。事実上、チームを率いたのはOBの**菅田誠**だった。采配は代理監督の**佐藤勝夫**に託したが、病と闘いながら部長としてベンチ入りしていた。

菅田はこの年の5月に胃を患って入院したが、絶対安静という医師の制止を振り切って東北六県春季高校野球大会のためグラウンドに立ち、東北大会を制していた。「先生のこの情熱が選手に伝わり、夏につながりました」。菅田の教え子で後任監督となった**渡辺征夫**は『汗と土と涙と宮城県高野連40年史』で回顧している。

菅田は常々、「甲子園は俺の胃袋の代償だ」と選手を鼓舞していたという。それが通じたのか、仙台育英は菅田が指導を受けた大学の先輩で、宿敵でもあった松尾勝栄の率いる東北高を決勝で破り、記念大会で1県1代表だった第45回全国高校野球選手権大会への出場切符を手にした。

仙台育英に野球部ができたのは、菅田が入学した30年4月、偶然にも松尾が初めて東北中学の監督に就任した年だった。菅田は3年生で一塁手として対外試合に出場し、4年生時の33年に第19回全国中等学校優勝野球大会の東北大会決勝に進出、盛岡中に4―8で敗れている。甲子園行きは逃したが、創部わずか4年目の快挙であり、チームは仙台育英の球史の中で戦前最強といわれている。

卒業後、国学院大を経て関西で野球指導や、東京でサラリーマンなどをしていた菅田が、経験を買われて仙台育英に監督として戻ったのは58年秋。代理監督を務めた49―53年以来の母校復帰だった。眼光・語気ともに鋭く、選手の顔をにらみつけながら指導するこのOB監督が、まず取り組んだのがグラウンドづくりだった。「自分のグラウンドじゃありませんか。自分でよくするのは当たり前ですよ。今年はグラウンドづくりに精根を尽くします。スイートホームは自分でつくらなきゃ」。菅田にこう言い聞かされた選手たちは12月からブルドーザーも使わずに、つるはしとスコップで内野スペースを掘り返した。さらに砂を入れ替え、野球のできる状態になったのが翌59年4月だった。

それもあってか、春の仙台育英は試合で負け込んだ。しかし、菅田も選手たちも表情に深刻さはなかった。「家で手伝いもしない君らに、俺は土木作業を強いているんじゃないぞ」。菅田の言葉には説得力があった。そして迎えた夏の全国高校野球選手権宮城大会。菅田が率いる仙台育英は準決勝進出を果たしている。優勝したのはこの後の甲子園でベスト4入りした東北高だった。

松尾監督（東北）の「豪快野球」、**二瓶喜雄監督**（仙台二）の「ち密野球」。菅田の後任となった渡辺は当時の宮城県高校球界をリードした名指導者の戦法をこう表現する。昭和30年代はこの2校に**恵美英志監督**の仙台、**門沢重男監督**の仙台一（恵美、門沢はいずれも後に県高野連理事長）、さらには三陸の王者・気仙沼、伝統の白石、石巻、佐沼が絡む展開だった。同年代後半からそこに割って入り、監督就任6年目の63年にとうとう初の甲子園出場を決めたのが「豪快さとち密さを兼ね合わせた」（渡辺）菅田野球の仙台育英だ。菅田は大願成就したことを「心から『やっていてよかった』と感ずるとともに、私が心に誓い続けた『人生なせば成る』の信条を成し遂げた喜びでいっぱいであった」と同窓会報に記し、「翌年（64年）の連続甲子園出場で、多少なりとも東北の高校球界にその名をとどめることになった」と付記している。

初出場の初戦（2回戦）で今治西（愛媛）に4―9と逆転負けし、全国大会の壁の厚さを体験した仙台育英の2度目の甲子園（第46回選手権大会）は、菅田が監督に復帰しての出場だった。

氏家規夫（旧姓・金沢、後に仙台育英監督）を主将とする同校は、東北大会（宮城、福島）決勝で門沢が率いる仙台一を破って全国大会への切符を手にし、仙台育英・**倉橋寛**（南海―阪神―中日―大洋）と滝川（兵庫）・**芝池博明**（専修大―近鉄―太平洋―近鉄―中日）の両右下手投げの投手戦となった甲子園の1回戦は0―1と惜敗した。相手・滝川の監督は菅田が滝川監督時代の教え子で師弟対決だった。

菅田は翌65年、コーチだった渡辺が監督に就いても部長として後輩の指導に当たり、72年に1年間だけ監督に復帰したほかは、氏家監督時代の73年まで部長を務めた。言い続けたのは「気力の充実、気力の勝利を忘れるな」だった。

一気に春、夏甲子園初出場

若生久仁雄監督（仙台商業高）

昭和30年代後半の仙台育英高に続いて、40年代に入って甲子園にコマを進め、名実とも宮城県高校球界の強豪校の仲間入りを果たしたのは仙台商高だ。野球部創設は1921（大正10）年。

半世紀近い同校の悲願を実現させたのは、若生4兄弟の長兄でOBの**若生久仁雄監督**（54年卒、東北大職員）だった。

「今思うと私が甲子園出場を果たせたことの一つには、その前年の昭和41（1966）年夏、生まれて初めて甲子園大会の見学機会を与えられたことである」。若生は『汗と土と涙と　宮城県高野連40年史』にこう記している。若生はこの直前の東北大会で、甲子園出場の絶好の機会を逸していた。悲願成就へあと2勝と迫った対磐城高（福島）戦。0―0で迎えた延長十五回裏、仙台商は1死三塁のピンチを迎えた。若生は**佐藤昇投手**が2球投げた後、タイムをかけて伝令を走らせた。指示は「次、スクイズがくる、注意しろ」。結果はその読み通りだったが、磐城高にスクイズを決められ、仙台商の夢は断たれた。

敗戦後、若生は監督辞任を決意した。しかし、それを察した**伊東忠和部長**に説得されて思いとどまった。負けた悔しさはOB会も同じ。不運を嘆くとともに深く反省したが、妙案がないまま若生に命じたのが甲子園見学だった。

それまでは、未だ見ぬ球場を夢に描きながら、見聞した情報だけで甲子園出場に情熱を燃やし、毎日毎日、選手たちに監督として厳しい練習を課し、指導し、話をすることしかできなかったが、実際に甲子園で試合を見て、その雰囲気を肌で感じた私は、勇気百倍、一層の情熱と自信を持って甲子園球場を選手たちに話して聞かせることができた。それが、昭和42年の春夏連続出場につながったものと確信している」(『汗と土と涙と』)

監督続投を決意した若生を待っていたのは、レギュラーで残ったのが**内海吉美捕手**(68年卒、76―81年夏の監督)だけの勝算が立たないチームだった。若生は打撃力の弱いチームを徹底して守りのチームへと育て上げた。その要が**小窪敬一投手**(68年卒、81年秋―87年夏の監督)だ。小窪は球威こそないがコーナーワークがよく、走者を出しても容易に点を与えない投球で、仙台商のマウンドを守った。

小窪―内海のバッテリーを中心に堅守の仙台商は早くも66年秋に花開く。東北六県秋季高校野球宮城県大会の決勝で気仙沼高を2―1で下して優勝した仙台商は、東北大会でも同じ気仙沼高との決勝を1―0で制して初優勝した。仙台商はその前の対学法福島工高(現・学法福島高)との準決勝も延長十二回、1―0でものにしていた。学校創立70周年の年の東北制覇だった。

若生は試合後のインタビューで、「打撃が振るわなかったのに優勝できたのは全くラッキーだった。小窪がよく投げてくれた。ことしが学校創立70周年という精神的な支えがあったからチーム全員にぜひ勝たねばという気持ちが生まれ、最後まで粘ることができた」と語っている。

仙台商は翌67年春、期待通りに第39回選抜高校野球大会出場の切符を宮城県の公立高校で初めて手にした。甲子園では1回戦で高知高に0―4で敗れた。

「夏には必ず再びやってくる」。若生率いる仙台商はこう誓って甲子園を後にしたが、春の県大会では1回戦で敗退した。小窪が肩を痛め、内海は手の爪をはがしたほか、野手にも負傷者が出るなど戦力が整わない状態で、とうとう第49回全国高校野球選手権宮城大会ではシード校にすら選ばれなかった。

消えかけた春夏連続甲子園出場の望みを蘇らせたのは、大会直前に完全復調した小窪をはじめ故障者の戦列復帰、さらに若生がレギュラーに抜擢した2人の1年生、**八重樫幸雄**・一塁手（後にアトムズ―ヤクルト）と**土生昌**・三塁手（後に富士重工）の成長だった。宮城大会は5連勝して東北大会の代表権を獲得し、東北大会では初戦で福島商高を延長十回、3―2で下し、宮城勢の対決となった決勝は仙台育英高を3―1で退けて春夏連続の甲子園出場権を勝ち取った。小窪は県大会から全7試合完投の活躍だった。

夏は初めてだが、2度目の甲子園で仙台商ナインは落ち着いていた。初戦の相手は鹿児島高。仙台商は小窪の巧みなマウンドさばきと、内海の左翼ラッキーゾーンへの大会第1号本塁打で3―0と快勝し、念願のセンターポールへの校旗掲揚を果たした。2回戦の対習志野高（千葉、同大会優勝校）も中盤まで接戦を演じたが、終盤に突き放され3―6で涙をのんだ。「仙台商の夏」が終わった後、若生は「自分がやるべきことはすべて終わった」と、59年と、63年からの2

度にわたった監督を退き、コーチとして若生を支えた**荒井知行**（59年卒）にバトンタッチ。その後は高校野球解説者、宮城県野球連盟理事長としてみやぎの野球に関わった。

後継の荒井は74年まで監督を務め、八重樫主将で夏2度目の甲子園出場を果たした69年には、ベスト8入りしている。同大会の優勝校は、**太田幸司投手**を擁する三沢高（青森）を球史に残る決勝再試合で破った松山商高（愛媛）。仙台商のレギュラー（遊撃手）には、2011（平成23）年の東日本大震災による大津波で壊滅的な被害を受けた南三陸町の**佐藤仁町長**もいた。

みちのくの野球を変えた名将

竹田利秋監督（東北高、仙台育英高）

「高校野球が、いや甲子園が、私の人生を変えたと言っても過言ではないでしょう」。その甲子園に東北高、仙台育英高を率いて春夏通算27度出場し、準優勝1度、ベスト4に1度、ベスト8に7度輝いたのは**竹田利秋監督**だ。全国屈指の名将は甲子園によって人生を変えられたと記したが、みちのくの高校野球は竹田によって変わった。監督として27年、足跡はとてつもなく大きい。

竹田は1941（昭和16）年、和歌山市生まれ。甲子園との最初の縁は58年の第30回選抜高校野球大会で、和歌山工高の7番、三塁手として出場した。卒業後、国学院大に進んだが、在学中は右肩の故障に悩まされ続け、東都大学野球1部リーグで初めて公式戦に出たのは4年生のラストシーズンだった。

その間、監督から学生コーチに指名され、試合中のベンチでは監督の隣に座った。そんな竹田に監督は「コーチとして大学に残れ」と勧めたが、竹田にはもう一人、声を掛けていた男がいた。当時、東北高監督だった大先輩・**松尾勝栄**だ。竹田がコーチ兼一塁手だった4年生ころから「大学を卒業したら、東北高に来なさい」と後継者に指名していた。

2人の誘いを断った竹田は、東京都内の銀行に就職し、いったんは野球との縁を切った。しかし、あきらめなかったのが松尾。仙台から上京しては竹田にアタックした。「竹田君、人生には3度チャンスがある。その一つが今だ」。この大先輩の言葉が竹田の背中を押し、65年春、24歳の竹田は東北高の社会科教諭、野球部コーチとして赴任した。「東北高野球部育ての親」と言われ、58年から4年連続で夏の甲子園に出場し、ベスト4にも進出するなど、「第1次黄金時代」を築いた松尾。だが、率いる東北高はその後低迷し、甲子園から遠ざかっていた。

野球部再建に竹田を招いた東北高は、スパルタ訓練を復活し、松尾はゼネラルマネジャー格でチーム全般を指揮する。野球スタイルも「投手は速球、打撃は長打力」から、「機動力」重視に衣替えし、勝つ野球にまい進する。そして竹田がコーチから監督に昇格して1年目の68年夏、監督として初めて、東北高にとって7年ぶり7度目の甲子園出場を果たす。チームの主将は**若生正広**（後に東北高監督―九州国際大付高監督）、エースは**佐藤政夫**（後に電電東北―巨人―ロッテ―中日―大洋―ロッテ）だった。

甲子園初采配の1回戦対佐賀工高は打撃戦の末に6―8で逆転負けした。監督就任の際、松尾から「負けたら東京に帰りなさい」と言われていたこともあり、「甲子園に出ても辞めようと腹を決めていた」竹田だったが、ある光景を目撃したことで翻意した。甲子園の組み合わせ抽選会場での出来事だった。「部員たちはうつむきがちで、北海道・東北地方が対戦相手校と決まると、相手から『勝った』と言わんばかりの大歓声が上がった。この劣等感は拭い去らなければと思った」。竹田の闘争心に火がついた。

「それから4年後、72年春の選抜高校野球大会における抽選会場での光景は、68年とは全く逆の現象さえ起きていました」。竹田は『汗と土と涙と　宮城県高野連40年史』にこう記す。「地元、近畿のチームと対戦が決まった瞬間、わがチームから自然発生的に大きな拍手と歓声が上がったのです」とも。そのセンバツに出場した東北高は、「ひそかに優勝を狙っていたチームだった」（竹田）。

岡嶋敏彦―中村昌次がバッテリーの東北高はこの大会で勝ち進み、準決勝で身長190センチの「ジャンボ」こと**仲根正広投手**（後に近鉄―中日）を擁する日大桜丘高（東京）と対戦した。初回に押し出しの四球で先行したものの、すぐその裏に同点とされ、五回に勝ち越しを許した東北高は、六回に**伊藤博**と中村の好打で追い付き、激しく降り出した雨の中での大熱戦となった。そして迎えた九回裏、試合は日大桜丘の3連打でサヨナラとなった。

この回無死一塁で放たれた打球は水しぶきを上げて三遊間を抜けた。一走・仲根は二塁を回って三塁に向かう。アウトのタイミングだったが、ボールが滑り、返球は三塁手の頭を越えてカバーに入った岡嶋のグラブに直接収まった。無死二、三塁。竹田はバッテリーをベンチに呼んで勝負を命じた。次打者はここまで無安打だったが、日大桜丘のベテラン監督・**香椎瑞穂**の采配傾向を知る竹田は、スクイズの可能性はないと判断した。読みは当たったが、初球を左前に運ばれた。

敬遠していたら……、雨が降らなければ……。戦評に「たられば」は付きものだが、結果は変えられない。しかし、「日大桜丘に勝っていたら優勝していた」という思いは、竹田の頭からしばらく離れなかったという。

85年の竹田率いる東北高は春夏連続で甲子園に出場し、いずれも準々決勝までコマを進めた。春夏8強は竹田の監督18年目で初の快挙だった。エースで4番だったのが**佐々木主浩**（後に東北福祉大―大洋―横浜―米大リーグ・マリナーズ―横浜)。前年夏の甲子園経験者は佐々木と、主将で捕手の**富沢清徳**だけだったが、東北高は秋の宮城大会を制し、東北大会でも準優勝して85年のセンバツに出場した。その準々決勝の相手は**蔦文也監督**率いる「やまびこ打線」の池田高(徳島)。試合は佐々木が要所を締めて接戦となったが、スクイズ1本を決められ、0―1で敗れた。

夏の準々決勝の相手は、初出場の甲西高(滋賀)だった。エース佐々木は宮城大会の終盤、右足親指にできたまめをつぶし、甲子園入り後も痛み止めの注射を打ち続けており、その痛みは限界を超えて投球にキレを失っていた。東北高は七回裏に逆転されて3―4。勝ちにこだわるなら一塁手・**葛西稔**(後に法政大―阪神)へ継投のタイミングだったが、部員たちの気持ちをくんだ竹田は佐々木を続投させた。試合は八回に佐々木の同点打で4―4とし、九回2死からの連打で5―4と逆にリードしたものの、その裏にサヨナラを許した。甲子園出場を決めた宮城大会決勝後に「今度の甲子園が最後になるでしょう」と語っていた竹田。これを最後に65年春のコーチ就任から20年半にわたる東北高の指導を終えた。

「私は宮城県が好きです。決断までは悩んだが、県高校野球に尽くしたい一心でお誘いを受けることにしました」。夏の甲子園から1ヵ月後、東北高野球部監督を辞任した竹田は、同校のライバル、仙台育英高で記者会見し野球部監督に就任することを表明した。「宮城に残り、指導を続けてくれませんか」。名将の「県外流出」を惜しむ当時の**山本壮一郎県知事**、**仁科博之・県高**

野連会長の要請に応えた。「いつか公立校で指導したい」と語っていた竹田。宮城で選んだ2校目は私立の仙台育英だった。

仙台育英のグラウンドに立った竹田は、ライバル校の前監督を迎えて動揺する部員たちに対し、「練習より、まず聞く耳を持たなければ」と考え、ミーティングで全部員の言葉に耳を傾ける一方、主将との対話で移籍した経緯や自身に課した「心と心の対話」による指導、甲子園の素晴らしさを伝えた。部員と監督との信頼の輪は徐々に広がり、監督就任10ヵ月の夏の宮城大会でノーシードながら栄冠を手にする。竹田が指揮する仙台育英の甲子園出場（春4度、夏6度）の始まりだった。

東北高時代、甲子園でひそかに狙った大優勝旗獲得は準決勝で阻まれたが、竹田は仙台育英で手の届くところまで上り詰める。89（平成元）年の第71回全国高校野球選手権大会。右腕・**大越基**（後に早稲田大中退―米1Aサリナス―ダイエー）を擁する仙台育英は、1回戦から大越の5試合完投の活躍で宮城勢初の決勝に進出した。相手は右腕・**吉岡雄二**（後に巨人―近鉄―東北楽天）の帝京高（東東京）。試合は両校譲らず0―0のまま三沢高（青森）―松山商高（愛媛）以来、20年ぶりの延長戦に入った。3回戦から4連投の上、準決勝で167球も投げていた大越。竹田は「大越が頑張っている。1点取ってやれ」と選手を鼓舞したが、大越に限界が訪れ、延長十回に2点を失って大旗を逃した。

「優勝できなくてすみませんでした」と声を絞り出す大越に、竹田は言った。「お前のおかげでここまで来られた。胸を張ってマウンドの土をもらってきなさい」。大越が監督から受けた最も優しい言葉だった。

仙台育英への移籍を、指導者としてさらに進化する好機ととらえ、先駆的なメンタルトレーニングやクラシック音楽鑑賞を練習に取り入れたり、政治、経済など時事問題も部員に講義したりした竹田。指導する姿勢もかつての「動」から「静」に変わり、選手の個性を重んじた。そんな竹田の同校監督としての最後は95年だった。阪神・淡路大震災からわずか2ヵ月で開催された選抜高校野球大会に出場し、1回戦で地元・兵庫の神港学園高に敗れた仙台育英は、夏の甲子園の出場権も勝ち取った。竹田の監督として通算27度目の甲子園。初戦の相手は関西高（岡山）だった。仙台育英は粘りを見せて九回に7―7としたが、その裏2死二、三塁で、2番手投手の**天野勇剛**（後にロッテ）が打たれ、サヨナラ負けを喫した。竹田にとって東北高時代の最終戦と同じ結末だった。

監督を東北高時代の教え子である**佐々木順一朗コーチ**に託した竹田はその後、仙台育英の教頭職に就いたが、96年3月に退職し、母校・国学院大の監督になった。東都大学野球2部リーグに低迷していた野球部を立て直してほしいとの要請に応えた。同大が1部昇格を果たしたのは2006年春。野球部の「創造的破壊」を掲げて指導して10年目、竹田の65歳時だった。それから4

年、竹田は10年8月に監督を勇退し、総監督に就いた。

私立3校で8度甲子園に出場

氏家規夫監督(仙台育英高、東陵高、青森山田高)

「私立2強」。1970年代から甲子園出場の常連校としてしのぎを削り、宮城県にとどまらず東北地区の高校球界をリードしてきた東北高と仙台育英高を指す。その両校を率いたのは**竹田利秋監督**だが、東北高時代の竹田に対抗し、仙台育英高を「私立2強」の座に押し上げたのが**氏家規夫監督**（旧姓・金沢）だ。氏家は仙台育英の後、東陵高（気仙沼市）、青森山田高（青森市）の2校も甲子園に導き、松山高（大崎市）で公立チームの采配も振るった。

仙台育英で春夏合わせて6度、東陵、青森山田で夏各1度の計8度は監督としてだが、氏家はその前に2度、**菅田誠部長・監督**の下で仙台育英の二塁手として夏の甲子園に出場している。162センチと小柄ながら、抜群の野球センスでレギュラーポジションを2年生でつかみ、同校の初出場（63年）と2度目の連続甲子園出場に貢献した。卒業後に進んだ東都大学リーグの亜細亜大でも二塁手を務めた氏家が、要請を受けて母校・仙台育英の監督に就任したのは73年（昭和48）年。27歳の若さだった。

その新監督が就任1年目で早くも結果を出した。第55回記念（1県1代表）の全国高校野球選手権。氏家の仙台育英は宮城大会の決勝で竹田の東北高を6―0で破り、チームも自身にとっても9年ぶり3度目となる夏の甲子園出場を果たした。仙台育英・**奥山正昭投手**と同じ左腕で対決した東北のエースは**岡嶋敏彦投手**だ。岡嶋は前年（72年）春の選抜高校野球大会で、東北を宮城勢初のベスト4に導き、同年夏の甲子園にも出場していた。強敵・東北を下して意気揚々と乗り込んだ記念大会。だが仙台育英は初戦（2回戦）で力を発揮できないまま鳥取西高に0―3で敗れ、またも夏の甲子園初勝利を逃している。

氏家の念願が達成されたのはそれから5年後の第60回全国高校野球選手権大会だ（夏の甲子園は同大会から1県1代表、北海道・東京は各代表2校となる）。**大久保美智男投手**（後に広島）を擁して2年連続6度目の出場を果たした仙台育英は、1回戦で高松商高（香川）と対戦した。大久保と**河地良一投手**の球史に残る延長十七回、3時間半にわたる投げ合いだ。軍配は1―0で大久保に上がり、仙台育英の校歌が初めて夏の甲子園球場に流れた。初戦突破で勢い付いた仙台育英は所沢商高（埼玉）との2回戦にも勝利し、高知商高との3回戦まで進出したが、2―4と惜敗しベスト8入りは成らなかった。

「延長17回の末の初勝利。この勝利をどんなに待ったことか。どうしても甲子園で1勝できなかったこの悔しさ……。しかし今年は実現した。幸いなことに3回戦まで勝ち進むことができた」。氏家は大会後の新聞インタビューで喜びをあらわにし、仙台育英野球部の創部80周年記念誌に「(1回戦の)試合が延長に入ってから、エースの大久保から『監督さん腹減った』と言われたが、ベンチには何もない。これを教訓に、それ以来必ずバナナやパンを入れるようになった」と当時の舞台裏を明かしている。氏家監督の仙台育英はその後の81年夏にも甲子園に出場したが、この60回記念大会の3回戦進出が最高成績。82、83年と甲子園出場を逃した氏家は、責任を取って84年9月に約12年間指導に当たった母校を去った。

氏家が開校3年目の東陵高に招かれ、監督に就任したのは翌85年だ。「県内での優勝を目標にするな。甲子園で勝つことを目指せ」。仙台育英でも同様だったが、東陵でも氏家は選手にこう言い続け、猛練習を課した。特訓が実を結んだのは監督就任4年目の88年夏だった。主将で4番打者の**井上純・中堅手**(後に大洋―横浜―ロッテ)らの強力打線に加え、守りを鍛えられた東陵は攻守ともリズムに乗り、第70回全国高校野球選手権宮城大会で快進撃。東北から移って仙台育英を率いる竹田との「因縁の対決」となった準決勝を、九回2死からの3得点で4―3と逆転で制し、決勝では**若山実監督**の東北を4―0で下して初の甲子園への切符を手にした。当時、強豪ひしめく仙台のチーム以外では、62年の気仙沼高以来、実に26年ぶりの優勝だった。

「育英にいたころは優勝して当然という気もあった。東陵に移ってからは、新設校だけにコツコツとチームづくりをしてきた」と氏家。「10年は掛かると思った。今年は戦力が整い、ひそかに期するところはあったが、こんなに早く甲子園に行けるとは……。胸がいっぱいです」と涙声で語った。甲子園での東陵は、1回戦で福井商高に2—3と逆転負けし、初陣を飾れなかった。

東北、仙台育英の「私立2強」に割って入り、「3強」を目指した東陵だが、その壁は厚かった。2度目の甲子園出場を阻まれた氏家は東陵の監督を辞し、次に選んだのが青森県での指導だった。96（平成8）年秋に私立・青森山田高監督に迎え入れられた氏家は「基本に忠実な野球」を堅持し、冬場は室内での守備練習や走り込みなどの体力養成を中心にして、雪国のハンディを逆手に選手たちの力を高めた。青森山田がその力を存分に発揮したのが99年夏の第81回全国高校野球選手権大会だ。氏家監督就任4年目に甲子園出場を果たした青森山田は3勝し、同校初のベスト8へ進出した。青森県勢としては**太田幸司投手**（後に近鉄—巨人—阪神）を擁した69年の三沢高以来、30年ぶりの快挙であり、氏家にとっても甲子園で最高の戦績だった。「打ち上げたらそれで終わり。転がせば安打にならなくても敵失でチャンスが生まれる可能性もある」と、氏家はたたきつける打撃を徹底的に指導し、これがナインに浸透して快進撃につながった。

全国大会で8強入りした青森山田だが、その後は甲子園出場を逸し、氏家は「今後も野球には携わっていきたい」としながらも2002年2月に監督を退任した。その2年後、氏家は宮城県立の松山高監督に就任する。松山町（現・大崎市）の知り合いから打診され、当時の同校校長の熱心な誘いもあって現場復帰を決めた。創部が1980（昭和55）年、過去の全国高校野球選手権宮城大会では86年と2001年に1勝を挙げたほかは、すべて初戦敗退という同校の監督に氏家が就任した時の部員は7人だった。前年秋の地区大会は部員不足で出場を見送っていたが、氏家は「長く高校野球に携わり、いつか公立校も指導してみたいと思っていた。ゼロからどれだけ積み上げられるか、自分でも楽しみだ」と引き受けた。

「選手に闘志が乗り移るような情熱家」。周囲がこう評価する氏家の下に部員が集まり、松山高は4年後の東北六県秋季高校野球県大会に進出し、ベスト8入りした。さらに上を目指す選手たちの気持ちに応えようと、氏家はその後、より激しいノックと厳しいスイング指導で鍛えた。このため選手はたくましくなったが、練習に付いていけずに退部する生徒も相次いだ。氏家は結局、08年以上の戦果を上げられないまま09年度限りで監督を退き、公立校でのチャレンジは終わった。

高校、社会人で14度全国大会出場

小窪敬一監督（仙台商業高、NTT東北、秋田経法大付高）

２００６（平成18）年11月17日夜、仙台市宮城野区のフルキャストスタジアム宮城（当時、現・クリネックススタジアム宮城）で、「追悼」と銘打った野球試合が行われた。「主役」は前年12月に56歳で急逝した**小窪敬一**。母校・仙台商高やＮＴＴ東北、秋田経法大付高（現・明桜高）で監督を務めた。試合は、小窪のＮＴＴ東北監督時代のユニホームを着た実行委員長・**佐藤剛彦**（宮城県野球連盟会長、元東大監督）の始球式でプレーボール。集まった小窪の教え子や野球仲間ら３００人余りは、次々交代しながら故人に一投一打をささげた。その中に仙台育英高監督・**佐々木順一朗**の姿もあった。

小窪の球歴は多彩だ。高校時代は仙台商のエース。３年生時の１９６７（昭和42）年には春も夏も同校初の甲子園に連続出場した。とりわけ夏の全国高校野球選手権では宮城大会から東北大会―全国大会まで全９試合を１人で投げ抜き、甲子園の１回戦では鹿児島高を３―０と完封して初めて校旗をセンターポールに掲げた。卒業後、小窪は関東学院大を経て社会人野球の電電東北（後にNTT東北）でプレーした後、81年秋に高校時代にバッテリーを組んだ同期の**内海吉美**の後を受けて仙台商監督に就任し、87年夏まで後輩を指導した。この間の83年夏、左腕投手の**荻原満**（東海大―巨人）を擁して14年ぶりに同校を全国大会に導き、監督としても甲子園で1勝している。

高校球界を去った小窪はすぐ職場のNTT東北の監督に就く。就任翌年にはチームが5年ぶりの都市対抗全国大会出場を果たすなど、94年までの在任中に都市対抗で8度、日本選手権で2度全国大会にコマを進めた。NTT東北時代の小窪には浪花節的なエピソードが多かった。試合で好機に打席が回った打者に対し、ポケットからその選手の赤ん坊の写真を取り出して見せ、「子どものために打ってこい」と激励したり、選手の高校時代の恩師が甲子園出場を決めたと聞くと、試合で選手に「花を添えてやれ」と奮起を促したりしたのはその一例で、小窪を知る野球関係者は「選手を乗せるのが巧みだった」と口をそろえる。

NTT東北のユニホームを脱いだ小窪は、選抜高校野球大会の選考委員やテレビ解説者をしていたが、2001年に私立・秋田経法大付高に招かれる。監督に就任した翌年春の選抜高校野球大会では自身4度目の甲子園出場を果たし、03年まで同校の指導に当たった。

「球道わが人生なり」は小窪の座右の銘だ。まさに野球一筋の人生だったが、「気配りの塊というか、すごく人情を大切にした」と語るのは、小窪が仙台商監督当時にコーチとして支え、後任監督となった**松原三郎**。仙台育英の佐々木も01年9月に部員の不祥事で謹慎処分を受け、秋季大会の指揮を執れなかった時に励まされている。また、小窪は教え子たちの冠婚葬祭に率先して出席し、野球スパイクをはいたまま会場に直行したこともあったという。「出会いが人生」。常々家族にこう話していた小窪。その信念を貫き通して人生のマウンドを降りた。

私立2強に挑み続けた闘将
三浦邦夫監督（柴田農林高、仙台三高、富谷高）

仙台市宮城野区の仙台三高は、2013（平成25）年が学校創立と野球部創部の50周年に当たる。この半世紀の歴史を持つ野球部を、28年間の長期にわたって率いたのが**三浦邦夫監督**だ。「甲子園に出場し、宮城の高校野球を変えたい」。三浦は甲子園出場をほぼ独占する仙台育英高、東北高の私立2強に挑み続け、何度もあと一歩まで迫った。宿願は果たせなかったが、その熱血指導から三浦を「闘将」として記憶にとどめる高校野球ファンは少なくない。

三浦自身は気仙沼高の選手時代に甲子園の土を踏んでいる。勝負師と言われた**村上清監督**が率いる同校は、1962（昭和37）年の全国高校野球選手権大会に東北代表として初出場し、2年生の三浦は背番号「12」を付けてベンチ入りした。1回戦の相手は、同大会で高校野球史上初の春夏甲子園連覇を達成した作新学院高（栃木）。試合は延長11回の投手戦の末、1－2で気仙沼が惜敗した。三浦は甲子園に魅了され、「来年こそはレギュラーとして2年連続出場し、大暴れしてやる」と堅く誓って球場を後にしたが、その夢は県大会で断たれた。

高校卒業後、日本体育大に進んだ三浦は陸上競技に転じ、棒高跳びで日本一を目指した。目標は達成できなかったが、「高校野球の監督として指導するに当たり、大学の4年間の収穫はいろいろな点で役立った」と言う。教職の道を選んだ三浦が、その高校野球の監督に初めて就いたのが柴田農林高。仙台三の監督には74年、部創設者で初代監督でもある**柴田克彦部長**に請われて就任し、「打倒私立2強」のあくなき戦いが始まった。柴田は47年夏の甲子園に仙台二中（現・仙台二高）の三塁手として出場し、宮城勢初のベスト4入りしている。

三浦率いる仙台三が、初めて甲子園への夢を大きく膨らませたのは82年だ。「強敵に向かっていく闘志と気迫」を説く負けず嫌いの三浦に、選手たちが猛練習で応えた。そして迎えた同年秋の東北六県秋季高校野球の県大会。仙台三は決勝で2連覇を狙う**竹田利秋監督**率いる東北高を

1―0で破り、初優勝を果たした。仙台三の右腕・**近江功喜投手**は準決勝でノーヒットノーランを達成するなど、5連投の活躍だった。県第1代表としての東北大会出場。その成績が翌春の選抜高校野球大会につながるだけに、三浦は「決勝までは行きたい」と意欲を燃やし、竹田は「本番は東北大会」と次を見据えた。

東北大会は福島県で開かれた。大会の注目の的は初の甲子園を目指す仙台三だった。しかし、同校打線は初戦の青森北高戦でわずか2安打に終わり、0―1で完封負け。一方の東北高は順当に勝ち進み、決勝では青森北を破って2連覇を果たし、センバツ連続出場へとつなげた。

2度目の「あと一歩」は、翌83年夏の第65回全国高校野球選手権宮城大会だ。近江を擁し前秋の県大会を制した仙台三は、準々決勝で仙台育英高、準決勝で東北高をいずれも逆転で下し、**小窪敬一監督**率いる仙台商高と決勝で対決した。創立20周年に初めて決勝進出した仙台三と、14年ぶり3度目の夏の甲子園を目指す仙台商。公立校同士の甲子園をかけた戦いは、第32回大会の東北大会（宮城、福島、山形）決勝での仙台一高―気仙沼高以来、実に33年ぶりだったが、仙台三は打線が仙台商の左腕・**荻原満投手**（後に東海大―巨人）に九回2死までノーヒットに抑えられ、0―7とまたも苦汁をなめた。

閉会式後、三浦は3年生全員を集めて言った。「悔いはないと言えばウソだろう。しかし、人生とはこういう試練を乗り越えて、また次の目標に向かっていくことだ。お前たちは後輩に本当に大きな財産を残してくれた」

3度目のチャンスだった89年（平成元）年の全国高校野球選手権宮城大会決勝で、この年の甲子園で準優勝した**大越基投手**（現・早鞆高監督＝山口）を擁する仙台育英に0―12と大差で敗れた仙台三。4度目は91年秋に訪れた。仙台三は東北六県秋季高校野球県大会で甲子園経験のある東陵、東北、仙台育英の「私立3強」を撃破して9年ぶりに優勝し、東北大会に臨んだ。右のエース**松田尚之投手**の好投で大館鳳鳴高（秋田）との準々決勝に競り勝った仙台三は、決勝進出をかけて宮古高（岩手）と対戦した。試合は1―1の七回に一挙6点を奪った宮古の勝利。仙台三は12安打を放ちながら、連投の疲れと右上腕の痛みに苦しむ松田を援護することができなかった。試合後「甲子園の道は遠いよ」と自分に言い聞かせるように語った三浦。この大会も県大会で準優勝だった竹田が率いる仙台育英が制し、翌春の甲子園に出場した。

三浦が仙台三のユニホームを脱いだのは2002年春。県教員異動で富谷高へ転任になったためだ。「ここ（仙台三）に骨を埋めるつもりだった」が28年間で終わった。それでも三浦は新任地の富谷高で監督に就くと、04年夏の全国高校野球選手権宮城大会で創部わずか10年の同校をベスト4へ導いた。しかし準決勝では**ダルビッシュ有投手**（日本ハム―米大リーグ・レンジャーズ）が主将の東北高に0―11でコールド負け。三浦が定年退職したのはその2年後だった。

夢の舞台・甲子園に教え子を連れて行くことはできなかったが、「目標を持たせて生徒のやる気を引き出すことはできた」と述懐する三浦。定年後は学習塾経営―富谷町教育委員を経て11年9月の同町議選で当選し、議員活動をしている。

甲子園で夏、春準優勝

若生正広監督（東北高、九州国際大付高）

2011（平成23）年の第83回選抜高校野球大会は、開催の可否が議論された末に開会式を簡素化し、鳴り物での応援をすべて禁止するなどして3月23日開幕した。直前の11日に発生した東日本大震災が、甲子園球場にも大きな影を落としていた。同大会に出場した東北勢は光星学院高（青森）と大館鳳鳴高（秋田）、東北高の3校。「被災者に少しでも勇気と元気を与えたい」と健闘したが、上位進出を果たせなかった。代わって最終日まで勝ち残ったのが、東北高の元監督・**若生正広**が率いる九州国際大付高（福岡）だった。春夏通じて初めて甲子園で決勝に進んだ九州国際大付は、その決勝で東海大相模高（神奈川）に1―6で敗れたが、若生は東北高監督だった

03年夏に続く2度目の甲子園準Vに輝いた。

若生は、いずれも宮城県の高校球界で活躍した5兄弟の末弟。東北高の主将・四番打者、一塁手兼投手として1968（昭和43）年夏に甲子園のマウンドに立っている。当時の監督は**竹田利秋**。同監督にとって東北、仙台育英両校で春夏計27度に及ぶ甲子園出場の第一歩だった。若生は卒業後、法政大に進み、社会人野球を経ていったんは野球を離れて会社員になった。転機は30代後半、妻と聴いたラジオ放送がきっかけだったという。流れてきた「人はなぜ生まれてきたのか」という問い掛けに、「俺は今まで野球しかやってこなかった。野球で社会に貢献しなければ」と決意し、会社を辞して37歳で埼玉栄高（埼玉）の監督に転じた。その後、東北高コーチを経て93（平成5）年に**若山実**から監督を引き継ぎ、2年間の中断を挟んで2004年まで母校で指導に当たった。

若生の采配が一躍注目されたのは、東北高の監督歴8年になった03年夏だ。若生はそれまで高校の後輩・**佐々木順一朗**が率いるライバル校・仙台育英高に、全国高校野球選手権宮城大会の決勝で3度敗れていたが、この年に初めて決勝でライバルを下して全国大会に乗り込んだ。エースは2年生で超高校級右腕として前評判の高かった**ダルビッシュ有**（後に日本ハム―米大リーグ・レンジャーズ）だ。これに右腕**真壁賢守**、左腕**采尾浩二**のタイプの異なる投手が加わった。それぞれ持ち味を発揮して甲子園で勝ち星を5つ重ね、宮城勢として89年の仙台育英以来、夏2度目の決勝進出を果たした。

決勝では、01年春の選抜高校野球大会決勝で仙台育英が敗れた**木内幸男監督**率いる常総学院高（茨城）に2―4で屈したが、「育英に勝たないと甲子園はないと常に思っている。今大会は全試合が育英と戦っているような気分でやれた」と振り返った若生。当時の指導信条は「伸び伸びやらせること」だった。新米指導者のころ、自分だけが頑張って選手が付いてこなかったこともあったからだという。

そんな指導者・若生に対する評価は投手育成面で高い。自身が投手出身だけに投手の気持ちを理解し、多くの好投手を輩出している。ダルビッシュのほか**嶋重宣**（広島―西武）、**後藤伸也**（横浜）、**高井雄平**（ヤクルト）らも若生の教え子だ。

さらに若生の力として「人脈」を挙げる声がある。学生時代や東北高の指導者になる前に暮らした関東、関西での自らの野球人脈に加え、投手としてプロ（毎日―大毎―阪神―広島）通算121勝を挙げ、コーチやスカウトも務めた実兄で東北高の先輩でもある**若生智男**の存在も大きく、東北圏外から有望な選手を獲得できたといわれる。前記の嶋は埼玉、高井は神奈川、ダルビッシュも大阪からの「野球留学」だった。

東北高を春夏合わせて7度甲子園に導いた若生が、九州国際大付の監督に就いたのは05年。教え子が同大学に進んでいたことなどが縁となった。東北高の甲子園準V時の三塁手・**加藤政**

義（日本ハム）はその一人だ。しかし、九州での若生の道のりは平たんではなかった。監督就任2年後の07年8月、急に両足がしびれ、診察の結果、脊髄《せきずい》の病気と分かって仙台で手術した。以後、歩行に杖が欠かせなくなったが、ダルビッシュや高井の高校時代の練習法を熱心に説くなどして選手を育てた。

実を結んだのが09年の第91回全国高校野球選手権大会だ。27年ぶりに夏の甲子園に出場した九州国際大付は、春夏を通じて甲子園初勝利を挙げた。その初戦の相手が木内監督の常総学院。雪辱に燃える若生の九州国際大付は、4点を追う三回に2点、四回に5点を奪い、8―4で逆転勝ちした。同大会での九州国際大付は3回戦まで進んだが、帝京高（東東京）にベスト8入りを阻まれている。若生率いる九州国際大付が次に甲子園にコマを進めたのが準優勝した11年の選抜高校野球だった。若生にとって甲子園2度目の決勝進出で、再び優勝を逃したが、試合後に若生は「すごく満足。選手たちが成長してくれた」と穏やかに振り返った。

九州国際大付の09年夏の四番・中堅手は**榎本葵**、11年春の準優勝投手は**三好匠**。いずれも卒業後に東北楽天に入団している。

41歳で恩師に並ぶ甲子園準優勝

佐々木順一朗監督（仙台育英高）

2012（平成24）年6月、青森市内で第59回春季東北地区高校野球大会が開かれ、聖光学院高（福島）が2大会連続2度目の優勝を果たした。前年は東日本大震災で中止になったため、2年ぶりの同大会は、直前の選抜高校野球大会に出場して準優勝した光星学院高（青森）とベスト8へあと一歩に迫った聖光学院、さらに優勝した大阪桐蔭高（大阪）に初戦で敗れた花巻東高（岩手）も顔をそろえ、この3強の争いが注目された。しかし、3強の間に割って入り、聖光学院と決勝で争ったのが仙台育英高だ。11年前の選抜高校野球大会で同校を準優勝に導いた**佐々木順一朗監督**が意地を見せた。

佐々木の仙台育英での指導歴はこの年で、約1年半の中断を挟んで18年目になる。1993年にコーチとして招かれ、2年後に監督に就任した。佐々木を呼び寄せ、後を託したのは**竹田利秋監督**だ。2人は仙台育英のライバル・東北高で師弟関係にあった。

東北高の佐々木（旧名・淳）は、その右腕を高く評価していた東北・竹田と仙台育英・**氏家規**

夫（旧姓・金沢）の両監督によるスカウト合戦の末に誕生した。竹田の期待通り佐々木は76（昭和51）年夏と翌年春の2度、エースとして甲子園に出場した。このうち76年の第58回全国高校野球選手権大会では準々決勝に進出し、「サッシー」の愛称で人気を集めた**酒井圭一投手**（後にヤクルト）を擁する海星高（長崎）に2－4で惜敗している。佐々木は卒業後、早稲田大を経てNTT東北でプレーしたが、高校3年時の選抜高校野球大会で傷めた肩が完治せず、1年半でユニホームを脱いだ。

転機となったのは、母校から仙台育英に移っていた恩師・竹田の「来ないか」の一言。同校内には91年ころから「慶応、早稲田出身者をコーチに」という声があり、竹田も佐々木を高校時代から文武両面で高く買っていた。佐々木は悩んだ末に引き受け、長期にわたる指導者の道を歩み始めた。2年後、佐々木は監督に昇格するが、後を託した竹田が仙台育英で9年間に挙げた戦績は、89（平成元）年の全国高校野球選手権大会準優勝を頂点に、夏6度、春4度の甲子園出場だった。

「IKUEI」を率いる佐々木は、監督1年目の夏から6年連続で甲子園の土を踏む（夏5度、春2度）。光を放ったのは6年目（2001年）の春、第73回選抜高校野球大会だ。仙台育英は、初戦（2回戦）で佐々木の仇敵・海星（長崎）を延長10回の末に破ると勢いに乗り、東北勢として初めて決勝へ進出した。紫紺の大優勝旗をかけた相手は**木内幸男監督**率いる常総学院高

（茨城）。試合は両チーム合わせて28安打の打撃戦を常総学院が7—6で制し、初優勝した。
「僕が未熟ということです」。口元をきゅっと結びながら、何度も自らを責めた佐々木。だが、183センチの長身監督には「名将」「知将」の風格があった。当時41歳。恩師・竹田が監督通算27年間で成し遂げた甲子園準優勝という最高記録に、幾多の重圧をはねのけた佐々木が6年目で並んだ。「素晴らしいのは結果だけではない。週1回の交換日記など、選手一人ひとりと納得いくまで話し合い、チームをつくる指導。管理型の性格が強かった『竹田野球』から一歩踏み込み、形にこだわらない、発想力を育てる新しい高校野球スタイルを確立しつつある」。大会後、河北新報は佐々木をこう評している。

この大会でパームボールやスライダーを武器にエースとして活躍したのが頭脳派左腕・**芳賀崇投手**。早大卒業後に仙台に戻って教員免許を取得し、12年3月まで県北部の中学校で野球を指導した。理想とする「一人ひとりの考えをくみ取り、尊重できる指導者」は、師である佐々木に通ずるところがあるようだ。

01年夏も仙台育英が宮城大会を制して甲子園にコマを進めた。決勝の相手は**高井雄平投手**（後にヤクルト）を擁する東北高。芳賀—高井両左腕の息詰まるような投手戦の末、延長11回1—0でサヨナラ勝ちした。夏の甲子園は3年連続18度目。春準優勝の実績を掲げて乗り込んだ仙台育英だが、甲子園では1回戦の相手・宜野座高（沖縄）の勢いに圧倒され、1—7と春の準決勝とは全く逆の完敗を喫した。

監督就任以来、順調に見えた佐々木に「落とし穴」が待っていたのはその年の秋だ。部員の暴力事件が明らかになり、佐々木は東北六県秋季高校野球の県大会前に日本高野連から謹慎処分を受け、監督から外れる。学校側も翌年度に新入部員を入部させないことを決め、不祥事が再発した場合はさらに厳しい措置を講ずると部員に言い渡した。

それでもチームは秋の大会への出場を認められ、10月の東北大会を制して翌春の選抜高校野球大会出場に大きく近付いた。ところが、間もなく部員の不祥事がまた発覚する。JR定期券の不正使用だった。学校側は、硬式野球部の活動を翌年4月末まで6ヵ月間自粛すると決め、この瞬間に同校の2年連続の選抜大会出場は消えた。選抜大会で初の準優勝を手にした一方で、選手に広がっていた慢心。佐々木も当時これを感じ、再三、選手に「敵は自分たちだ」と説いていたが、緩んだタガは締まらなかった。

「落とし穴」は深かった。佐々木は03年春に監督復帰したが、仙台育英がようやく甲子園の切符を手にしたのは06年夏。しかも5年ぶりとなる全国高校野球選手権宮城大会優勝は、県高校球史に残る2日間に及ぶ東北高との決勝の末に成し遂げた。その1日目は東北・**高山一輝**、仙台育英・**佐藤由規**（後にヤクルト）の両右腕が、ともに200球を超える力投で延長15回を0―0と譲らず、再試合となった。継投の東北に対し、翌日の再試合も一人で投げ切ったのは2年生の佐藤。最後まで球威、制球とも衰えを見せず6―2で仙台育英に栄冠をもたらした。佐藤を擁する仙台育英はこの夏から翌年春、夏と3回連続甲子園にコマを進め、08年には右腕・**穂積優輝**、左腕・**木村謙吾**（後に東北楽天）の投手陣で3年連続21度目となる夏の甲子園に出場して「完全復活」した。同校は10年夏と12年夏も宮城大会を制し、佐々木監督として春夏通算13度目（夏10度、春3度）の甲子園出場を果たしている。

佐々木の教え子では佐藤由規、木村謙吾のほか**中浜裕之**（近鉄―巨人）、**志田宗大**（ヤクルト）、**新沼慎二**（横浜―DeNA）、**真山龍**（西武）、**星孝典**（巨人―西武）、**矢貫俊之**（日本ハム）、**菊池俊夫**（オリックス）、**中谷翼**（広島）、**中根佑二**（ヤクルト）、**橋本到**（巨人）、**佐藤貴規**（ヤクルト）がプロ入りしている。

21世紀枠で「センバツ」へ導く

熊谷貞男監督（一迫商業高）
小原仁史監督（利府高）
松本嘉次監督（石巻工業高）

２０１２（平成24）年の第84回選抜高校野球大会に**松本嘉次監督**率いる石巻工高が初出場し、開会式での同校主将の選手宣誓や戦いぶりが高校野球ファンの感動を呼んだ。「東日本大震災の津波で被災する困難を乗り越え、秋季県大会準優勝」――。同校は戦力以外の特色を加味して選ぶ「21世紀枠」での出場だった。21世紀枠が設けられたのは01年の第73回選抜高校野球大会からだ。宮城勢では石巻工以前にも一迫商高と利府高がこの枠で甲子園に初出場し、それぞれ地元の期待に応えて健闘している。

「地域密着の活動で、過疎の町を勇気付ける」。05年の第77回大会に出場した一迫商の選抜推薦理由だ。当時の地元・一迫町の人口は約９３００人。周辺町村と合併して栗原市になる直前の甲子園出場で、小さな町にありながら、直前の秋季東北大会で2年連続ベスト8入りしたことなども大きな推薦ポイントになった。チームを率いるのは**熊谷貞男監督**。就任8年目で手にした全国大会の切符だった。

仙台高―日本体育大を経て宮城県教員となった熊谷が、気仙沼向洋高などで指導した後、小規模校の一迫商に赴任したのは95年春。軟式野球部から転じた同校硬式野球部の創部21年目だった。選手の気持ちを前向きにすることから始めた熊谷は、荒れたグラウンドを1人で全面改修するなど、行動力は抜群。練習では人一倍精力的に動いて、弱気な言動も表には出さず、備品面で私立の強豪校との格差を極力なくそうと、時に私財を投じることもあった。そんな監督の情熱は次第に部員に伝わり、赴任当時には地区大会も勝ち上がれなかったチームが、2003年から2年連続で秋季県大会準優勝と東北大会8強入りを果たし、センバツ初出場へとつながった。

当時の一迫商は全部員が宮城県内出身者。平均身長169・3センチと小柄で、中学時代に目立った実績を上げた選手はいなかったが、練習時間は一日6時間、年間試合数約120回という豊富な練習量と実戦経験による全員野球で強さを培った。また、21世紀枠での出場とはいえ、県大会決勝では甲子園の常連、東北高と6―7の接戦を演じているだけに、選手に気後れはなかった。

センバツの初戦で一迫商は、前年夏の甲子園ベスト8の修徳高（東京）と対戦した。一迫商は五回までに5点を奪い、守っては技巧派右腕の**佐藤勇投手**が修徳の反撃をかわして5―2で初陣を飾った。「勝利は負けない試合を心掛けた結果だ」と熊谷。高校野球の基本と言われる犠打で点を積み重ね、5―1で迎えた九回無死満塁のピンチでは、日ごろ無死満塁を想定した練習を重ねてきたエース佐藤が、冷静にコーナーを突いて1失点にとどめた。2回戦は佐藤、**三浦泰志**両投手が試合巧者の天理高（奈良）打線に打ち込まれ、2―19と完敗したが、一迫商は東北、仙台育英の「私立2強」以外の宮城勢でセンバツ初勝利という記録を残した。

「特産品のナシの授粉など、日ごろの奉仕活動を通じて地域とともに歩んでいる」。一迫商の出場から4年後、第81回選抜高校野球大会（2009年）に同じ21世紀枠で出場が決まった利府高の推薦理由だ。戦力以外の特色も加味されたとはいえ、前年の秋季県大会で仙台育英を9―8で下し、初優勝を果たした後、東北大会で4強入りするなど実力で切り開いた春夏通じて初の甲子園への道でもあった。チームを率いたのは、04年に就任した同校3代目の**小原仁史監督**。就任の年に「立ち直れないくらい、ボコボコにされた」（小原）屈辱をバネに代えて悲願を達成した。

小原は仙台向山高から東北学院大に進み、大学1年時に母校・仙台向山の監督を任されている。教員になった後は古川工高、石巻高を経て利府の監督に就いた。屈辱を味わったのはその1年目の夏。利府は一気に夏の宮城大会決勝まで上り詰めたが、**ダルビッシュ有**（後に日本ハム―米大リーグ・レンジャーズ）を擁する東北に2―20という記録的な惨敗を喫した。その後、小原は「組織力」を最大のテーマに掲げる一方、部員一人ひとりの生活面から鍛え直し、厳しい練習でチーム力アップに努めた。

利府は全県学区の「スポーツ科学科」を設け、県内各地から有望な選手が集まりやすくするなど、「他の公立校より環境面で恵まれている」（小原）こともあるが、創部26年目の甲子園初出場の背景に、与えられた環境を最大限生かす日々の努力があったことは見逃せない。

21世紀枠の利府は、甲子園で「実力」を見せつけた。掛川西高（静岡）との1回戦は、打線が17安打と大爆発して10―4と圧勝。習志野高（千葉）との2回戦は、左の主戦・**塚本峻大投手**が緩急をつけた丁寧な投球で要所を抑え、2―1で九回サヨナラ勝ちした。利府の勢いは止まらない。続く早稲田実業高との準々決勝も五回に見事な集中打で一挙5点を奪って逆転し、塚本の136球の力投で5―4と伝統校を退けた。

そのベスト4入りを決めた甲子園のアルプス席で、利府のユニホーム姿で熱い声援を送っていたのは、同校で13年間指揮を執った**小田島修・初代監督**だ。前年3月に黒川高校長を最後に定年退職し、かつて指導した利府に顔を出してノッカーなども務め、「総監督」になっていた。いわば、小原と小田島の二人三脚で導いた4強の座。小田島は後に同校センバツ出場記念誌に「甲子園での快進撃は、誰もが予想できなかったうれしい出来事であった。『まぐれではなかった』。自分にできることを一生懸命やった結果なので、部員たちの自信になっていると確信している」と記している。

宮城勢として01年に準優勝した仙台育英以来の準決勝は、大会史上初めて東北地区同士の顔合わせとなった。相手は大会屈指の左腕・**菊池雄星投手**（後に西武）を擁する花巻東高（岩手）。利府は三回、その菊池から主将・**遠藤聖拓捕手**の2点本塁打で先制したが、その後、大事な場面で守備が乱れ2―5と逆転負けした。利府の2点は菊池投手にとって同大会での初失点だった。開校した1984（昭和59）年の夏の宮城大会で史上初の初出場4回戦進出を果たし、「さわやか旋風」と称えられた利府。仙台育英に続く決勝進出は惜しくも逸したが、さわやか旋風は甲子園の大舞台でも吹き抜けた。

第七章　社会人野球

みやぎには実業団野球の強豪チームも数多い。ＪＲ東日本東北、七十七銀行、日本製紙石巻などだ。各チームが目指す頂点の一つは都市対抗野球全国大会。２０１１（平成23）年の第82回大会から、この章を始めよう。

都市対抗野球大会が開かれる東京ドーム

54年ぶりの完全試合達成

森内寿春投手（JR東日本東北）

2011（平成23）年10月24日、大阪市の京セラドームで遅咲きの右腕がとてつもない投球をやってのけた。第82回都市対抗野球全国大会1回戦のJR東日本東北（仙台市）—三菱重工横浜（横浜市）戦。JR東北の右腕・**森内寿春投手**が54年ぶりとなる大会史上2人目の完全試合を達成し、4—0でチームを勝利に導いた。投球数132、12奪三振、内野ゴロ3、内野飛球6、外野飛球5、邪飛1。わずか1時間57分のワンマンショーだった。

味方の攻守にも支えられたが、この試合での森内は持ち味の制球力と140キロ台の直球、チェンジアップがさえた。「完全試合はあまり気にしていなかった。完封できればいいと思っていたが、（試合中にチームメートから）ここまで来たらやれと言われていた。百点満点だった」と森内。「被災地に勇気を与えられる一勝になった。震災があってもやれると証明できた」とも語った。

同年3月11日の東日本大震災発生後2ヵ月間は練習ができず、JR本塩釜駅の掃除や代行バスの案内に従事する一方、泊まり勤務が続く厳しい環境の中で自主トレに励み、野球の魅力を再確認。チーム練習再開後は「練習をやらされるというのがなくなり、大事に野球をしようと思えるようになった」。JR東北のOB**摂津正**（ソフトバンク）の投球フォームを参考にして制球も磨き、一気に全国区の投手に駆け上がった。JR東北はその後、宮城勢では04年の七十七銀行、JT両チーム以来となる準決勝まで勝ち進んだが、JR東日本（東京都）との準決勝で先発・森内が打ち込まれて3―6で敗退し、初の決勝進出を逃した。

森内は青森市出身で、八戸工大一高―青森大を経てJR東北に入社。完全試合は遅咲きともいえる社会人5年目の快挙で、この偉業をきっかけに、森内は大会中に日本ハムからドラフト5位指名を受け、その後入団した。180センチ、80キロ、右投げ右打ち。

多彩な仙鉄（ＪＲ東日本東北）ＯＢ

煤孫伝外野手、村田信一捕手ほか

みやぎの実業団野球の草分けとして１９１９（大正８）年に創設され、27（昭和２）年の第１回都市対抗野球全国大会に出場したのが、ＪＲ東日本東北の前身、仙台鉄道管理局だ。仙鉄局は42年までに同大会に12度出場するなど、まさに戦前の東北球界に君臨していた。戦後は、同じ国鉄チームである盛岡鉄道管理局に押され気味になったり、電電東北（後にＮＴＴ東北）、富士製鉄釜石（後に新日鉄釜石）などが台頭したりして都市対抗全国大会出場を阻まれていたが、87年の国鉄分割民営化による野球チームの統廃合に伴い、盛岡、秋田両管理局の野球部員を糾合したＪＲ東日本東北となって力がよみがえった。起伏に富むチームの歴史を持つ仙鉄局は、プロ入りした選手たちを中心に多彩な顔ぶれのチームでもあった。

煤孫伝《すすまごでん》外野手。盛岡商―日本大―仙鉄局を経て、宮城県出身者で最初にプロ入りした**村田信一捕手**（東北中―横浜専―金鯱）と同年の１９３７（昭和12）年、こちらも岩手県出身者として初めてプロの世界に歩を進め、大東京・ライオンで通算88試合に出場した。煤孫に続いた岩手県出身者は、**小田野柏投手・外野手**（岩手・福岡中―青森営林局―仙鉄局―阪急）。阪急でプレーした後、戦後は毎日―西鉄―近鉄―高橋の各球団に所属し、通算では投手として23試合、打者として517試合に出場している。青森県出身者で仙鉄局を経てプロ入りしたのは、**三上良夫外野手**（青森商―仙鉄局―金鯱）と**成田友三郎投手**（青森中―専大中退―仙鉄局―青森林友―巨人）。このうち成田は、初の米国遠征から帰国した巨人が青森を起点に実業団チームとの全国縦断試合を敢行した際、仙鉄局の投手として巨人打線と対戦。その投球が認められて1年後の36年に巨人入りした。在籍2年で4勝（3敗）を挙げ、74年からは4期、青森市議として政治の世界に身を置いた。

戦後も仙鉄局（JR東日本東北）からのプロ入りは相次ぎ、**佐藤孝夫外野手**（国鉄）、**小坂誠内野手**（ロッテ―巨人―東北楽天）、**摂津正投手**（ソフトバンク）はそれぞれタイトル獲得者となった。その前に活躍したのが岩手県出身の**白坂長栄内野手**（岩手・福岡中―仙鉄局―華中交通―盛鉄局―阪神）だ。白坂が仙鉄局入りしたのは40年。42年に中国に渡って応召の後、戦後の46年に盛鉄局に投手で復帰した。翌年に遊撃手に転じて全国鉄道大会優勝の原動力となり、48年11月阪神に入団している。後に阪神の監督も務めた**吉田義男遊撃手**の入団後は二塁手に転じ、阪神の華麗な内野陣の一角を担った。プロ通算1020試合に出場し、789安打、59本塁打、360打点、102盗塁、打率2割3分8厘の記録を残している。

戦後、台頭した名門・電電東北(NTT東北)

小野寺克男捕手、佐々木幸男投手ほか

仙鉄局に続いて東北の名門チームとなったのが、戦後間もない1947（昭和22）年創部の電電東北（仙台市）だ。**雁部昭八監督**に率いられて65年から3年連続で都市対抗野球全国大会に出場したのを皮切りに、85年に改名したNTT東北時代まで通算17度の同大会出場を誇る。86年の第13回日本選手権全国大会では都市対抗も含めて宮城勢初の全国大会ベスト4入りを果たして注目された。都市対抗では**小窪敬一監督**が指揮した90（平成2）年に4勝目を挙げたのが、NTT東北として最後の勝利。99年にNTTの再編成に伴ってチームは解散した。

プロ野球には55年に投手で東映に入団し、捕手に転じた**小野寺克男**（宮城農高―電電東北）を最初に、秋田・金足農高出身の**佐々木幸男投手**（阪急）が続き、その後は**佐藤政夫投手**（巨人―ロッテ―中日―大洋―ロッテ）、**樋沢良信内・外野手**（巨人）、**鈴木孝幸投手**（西武―日本ハム）、**佐藤洋内野手**（巨人）のいずれも東北高出身者、NTT東北となってからは秋田・本荘高出身の**竹内昌也投手**（阪神―日本ハム）、仙台商高―東海大出身の**加藤高康投手**（ロッテ）、常磐大出身

の**進藤実投手**（巨人）がプロ入りしている。

専売東北（JT）、七十七銀、日本製紙石巻からもプロへ

古溝克之投手、佐藤誠一投手ほか

1980（昭和55）年代になって宮城には3つの企業チームが相次いで誕生した。80年創部の専売東北（仙台市）、81年の七十七銀行（仙台市）、86年の日本製紙石巻（石巻市）だ。このうち専売東北は、民営化に伴って85年に「日本たばこ東北」、88年に「日本たばこ」、89（平成元）年に「JT」とそれぞれ名称変更し、仙台工場の閉鎖によって2004年を最後に廃部となったが、25年間で都市対抗野球全国大会に12度出場している。野球部最後の年には同大会で七十七銀とともにベスト4入りし、「仙台市」の名を大いに高めた。専売東北の創部3年目に入部し、廃部まで23年間プレーしたのが**原野優外野手**（仙台育英高出身）。そして原野と同期入社で、1984年のドラフト2位指名で阪急に入団したのが福島商高出身の**古溝克之投手**（阪急―オリック

ス―阪神―日本ハム）だ。古溝は阪急在籍時の88年に10勝し、94年に阪神に移ってからはリリーフエースとして活躍した。プロ通算328試合、33勝51敗42セーブ、防御率4・49。180㌢、80㌔、左投げ左打ち。

専売東北出身者で、古溝より前にプロで投げていたのが**佐藤誠一投手**（宮城工高―専売東北―日本ハム職員）。82年のドラフト2位指名で日本ハム入りし、89年にはリリーフエースとして6勝11敗18セーブをマーク、オールスターゲームにも出場した。プロ通算148試合、28勝41敗19セーブ、防御率4・06。185㌢、86㌔、右投げ右打ち。

七十七銀行は宮城勢では初の純民間企業チームとして、1981（昭和56）年に発足した。前身は終戦直後に設けられた軟式チーム。硬式に転じてからは2004（平成16）年のベスト4を最高に、都市対抗野球全国大会に8度出場している。プロを輩出したのは10年のドラフトでロッテが3位指名した**小林敦投手**（東海大相模高―東海大―七十七銀）が初めて。小林は翌11年7月14日の対西武9回戦で七回2安打、無失点で初勝利を挙げ、同年は9試合で1勝5敗、防御率5・80の成績だった。178㌢、85㌔、右投げ右打ち。同銀行の**岸孝一・元監督**はプロ野球西武・**岸孝之投手**の父親。

日本製紙石巻も1986（昭和61）年、十条製紙石巻の軟式野球部が硬式に転じて誕生し、93（平成5）年の十条製紙と山陽国策パルプの合併に伴って現在名に改めた。都市対抗野球全国大会には2010年に初出場したが、初戦敗退している。プロにはこれまで、いずれもヤクルトの**久古健太郎投手**（国士舘高―青山学院大―日産自動車―日本製紙石巻）、**比屋根渉外野手**（沖縄尚学高―城西大―日本製紙石巻）、**太田裕哉投手**（多賀城市出身、一関学院高―日産自動車―日本製紙石巻）の3人が入っているが、久古と太田は日産自動車が09年末に休部したため日本製紙石巻に移籍した。10年のドラフト5位指名でプロ入りした久古は、11年に52試合に登板し、5勝2敗1セーブ、防御率3・65の成績を残した。181センチ、82キロ、左投げ左打ち。

北海道社会人野球の父
砂沢文雄氏

社会人野球の伝説の名捕手で、都市対抗野球の個人賞にその名前を残す盛岡市出身の**久慈次郎**。1934（昭和9）年の日米対抗野球で全日本チームの主将を務め、**沢村栄治投手**とバッテリーを組んでファンをうならせた。その久慈を宿命のライバルとしたのが、仙台一中（現・仙台一高）出身で、戦後、北海道球界の指導と発展に尽くし、「北海道社会人野球の父」とも呼ばれた**砂沢文雄**だった。

中学時代を送った砂沢の仙台での記録は、彼の活躍に比して意外に少なく、仙台一中『学友会雑誌』などに一部紹介されている程度だ。それによると、砂沢が中学野球の全国大会に近付いたのは、宮城県勢が初めて朝日新聞社主催の全国中等学校優勝野球大会に参加した16（大正5）年の第2回大会東北予選大会で、結果は初戦で盛岡中（現・盛岡一高）に敗退。同誌は「一学期の試験が終わってから試合当日まで晴天が2日しかないうえに、試験が終わったばかりで病気の選手が多く、一中愛球家の期待に添えなかったことは遺憾の極みだった」と記している。

この東北予選大会をもう少し詳報した『仙台一高野球部80年史〜一、二高定期戦史を中心として』などを見ると、大会は第二高等学校グラウンドで開かれ、仙台一中、二中、築館中、佐沼中の宮城勢4校を含む東北の8校と函館商業が参加している。優勝候補の呼び声が高かったのは盛岡中と仙台一中だったが、両校は1回戦で当たったため、これが事実上の決勝戦になるはずだった。仙台一中の砂沢―**西村萬三**のバッテリーは強力だったが、盛岡中・**久保田禎選手**の放ったホームランが一中の死命を制するところとなり、意外な大敗（0―11）となったらしい。盛岡中も決勝で一関中（現・一関一高）に敗れ、全国大会出場を逃している。久慈は同大会で盛岡中の選手。砂沢とのライバル対決はこの東北予選大会1回戦が初めてだった。

砂沢は中学卒業後、法政大に進んでマウンドに立ち、4番を打って最上級生時には主将も務めている。四大学リーグ（後の東京六大学リーグ）では早稲田大の久慈と顔を合わせ、さらに北海道の実業団（社会人）野球でも対戦することになる。その北海道時代の砂沢を「北海道社会人野球の父」として紹介したのが『北の野球物語』だ。同書によると、法大を卒業した砂沢は21年、明治の末に結成された札幌で最古参のクラブチーム、札幌共和倶楽部に招かれて北海道に渡る。同じころ久慈は、函館の会社で勤務の傍ら地元の名門・函館大洋倶楽部に参加しており、砂沢との長い付き合いが始まった。札幌共和倶楽部はその後解散したが、同倶楽部の選手が中心になって札幌ワゴナーを立ち上げ、砂沢が選手兼監督に就いた同チームは27（昭和2）年、出場権を譲った函館大洋倶楽部の久慈の推薦もあって第1回全国都市対抗野球大会に出場し、準決勝まで勝ち進んだ。エースは30歳の砂沢。当時の新聞に「老将砂沢投手」と書かれた。

戦後の49年、実業団野球の新組織、「北海道地方連盟」が創設され、外地から引き揚げてきた砂沢は初代理事長に選出されて北海道球界にカムバックした。その後は周囲から「ワンマン」「頑固」と言われながらも、砂沢は面倒見の良さで組織をまとめ、69年の第40回都市対抗野球大会では社会人野球への功労が認められて特別表彰を受けた。亡くなったのはその1ヵ月後。享年71だった。宿命のライバル久慈はその30年前、北海道・樺太実業団大会で試合中、相手チーム選手の送球を頭に受け、帰らぬ人となっていた。

あとがき

「みやぎの野球」を追ってみたいという思いが強まったのは、２０１２（平成24）年のプロ野球オープン戦が始まるころだったように記憶する。手元にはある程度のデータを集めていたこともあり、「記憶と根気があるうちにまとめたい」という思いは、日増しに強まった。

最初はスポーツ少年団やジュニアの野球から中学、シニア、高校、大学、社会人、プロ野球、大リーグまで、宮城に関わりのある野球のすべてを網羅した「野球史」が頭に浮かんだ。しかし、膨大な量と格闘するにはあまりにも非力のため作業をあきらめかけた。そんな時に背中を押してくれたのが、かつて勤務した河北新報社編集局の千賀七生氏ら先輩、同僚、後輩たちだ。河北新報出版センターの「正統派の野球談議ではなく、こぼれ話をふんだんに散りばめた肩の凝らない軽いものに」とのアドバイスもあり、構想を「野球史」から「野球人」に変えて作業を再開した。

まず目玉にしたかったのは、居酒屋談議で出た宮城ゆかりのプロ野球選手だった。「出身の高校、大学、社会人別に、できればプロでの実績も加えて」と挑んでみた。が、公式記録に残る1軍での出場がなかったり、球団移籍が頻繁だったり、引退時期が不明確だったりして作業は難航した。この結果、ゆかりの選手名を出身校・チームごとに分け、所属した球団を付記してまとめたのが本書の一覧表だ。次は、プロでの活躍で知られるプレーヤーのみならず、地元野球ファンの記憶に残る選手や指導者を幅広くリストアップし、当時を再現すること。資料収集から追跡調査、話題提供まで河北新報社スポーツ部や大学、高校野球関係者の多大な支援を受け、筆者らの記憶とリンクさせていった。

勝負の世界である以上、やむを得ないのかもしれないが、抽出対象者は特定の高校、大学に偏りがちだ。それでも極力多くの学校、チームを取り込み、バランスを取ろうと努めてみた。行数、字数こそ少ないが、各コマに「主役」以外の選手らを取り込んだのもその試みの一つだ。

対象者が数多いプロ野球編は、主要タイトル獲得者に絞り込み、地元プロ球団の「東北楽天ゴールデンイーグルス」については宮城の高校、大学、社会人出身者に範囲を限定した。

執筆は、野球シーズン中に行われ、選手の個人記録やチームの戦績等をどこで区切るかも課題だった。大リーグの斎藤隆、ダルビッシュ有とプロ野球の２０１２年の記録を待てないかと考えたためだが、高校野球は12年の夏の甲子園大会までを基本とし、その他は11年現在とした。また、登場する人物の敬称は原則として省略させてもらった。

２０１２年10月

著　者

資料編

パ・リーグ球団変遷図

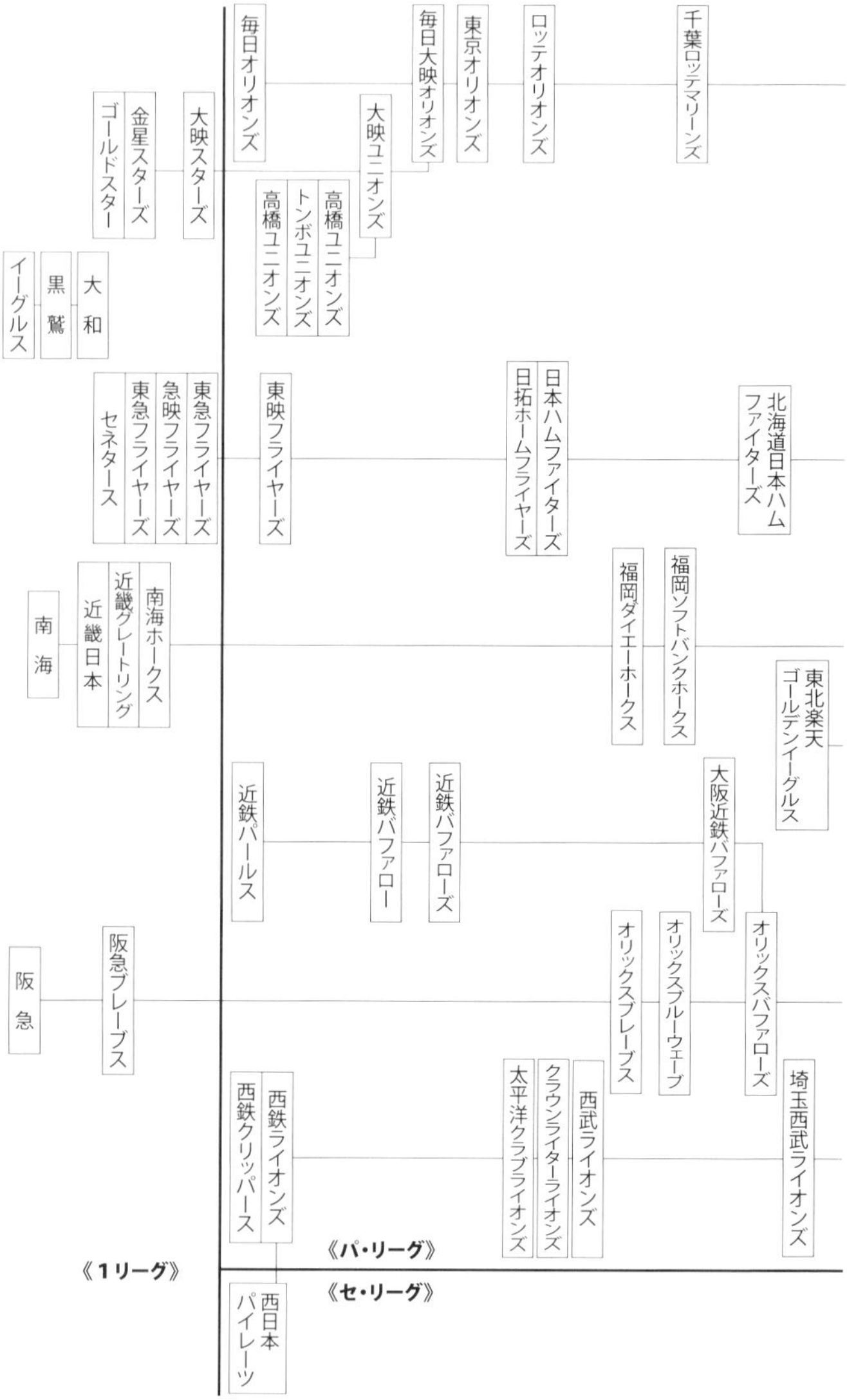

金星スターズ
ゴールドスター
大映スターズ
毎日オリオンズ
大映ユニオンズ
高橋ユニオンズ
トンボユニオンズ
高橋ユニオンズ
毎日大映オリオンズ
東京オリオンズ
ロッテオリオンズ
千葉ロッテマリーンズ
大和
黒鷲
イーグルス
東急フライヤーズ
急映フライヤーズ
東急フライヤーズ
セネタース
東映フライヤーズ
日本ハムファイターズ
日拓ホームフライヤーズ
北海道日本ハムファイターズ
南海ホークス
近畿グレートリング
近畿日本
南海
福岡ソフトバンクホークス
福岡ダイエーホークス
東北楽天ゴールデンイーグルス
近鉄パールス
近鉄バファロー
近鉄バファローズ
大阪近鉄バファローズ
オリックスバファローズ
オリックスブルーウェーブ
オリックスブレーブス
阪急ブレーブス
阪急
西鉄ライオンズ
西鉄クリッパース
太平洋クラブライオンズ
クラウンライターライオンズ
西武ライオンズ
埼玉西武ライオンズ
《1リーグ》
《パ・リーグ》
《セ・リーグ》
西日本パイレーツ

セ・リーグ球団変遷図

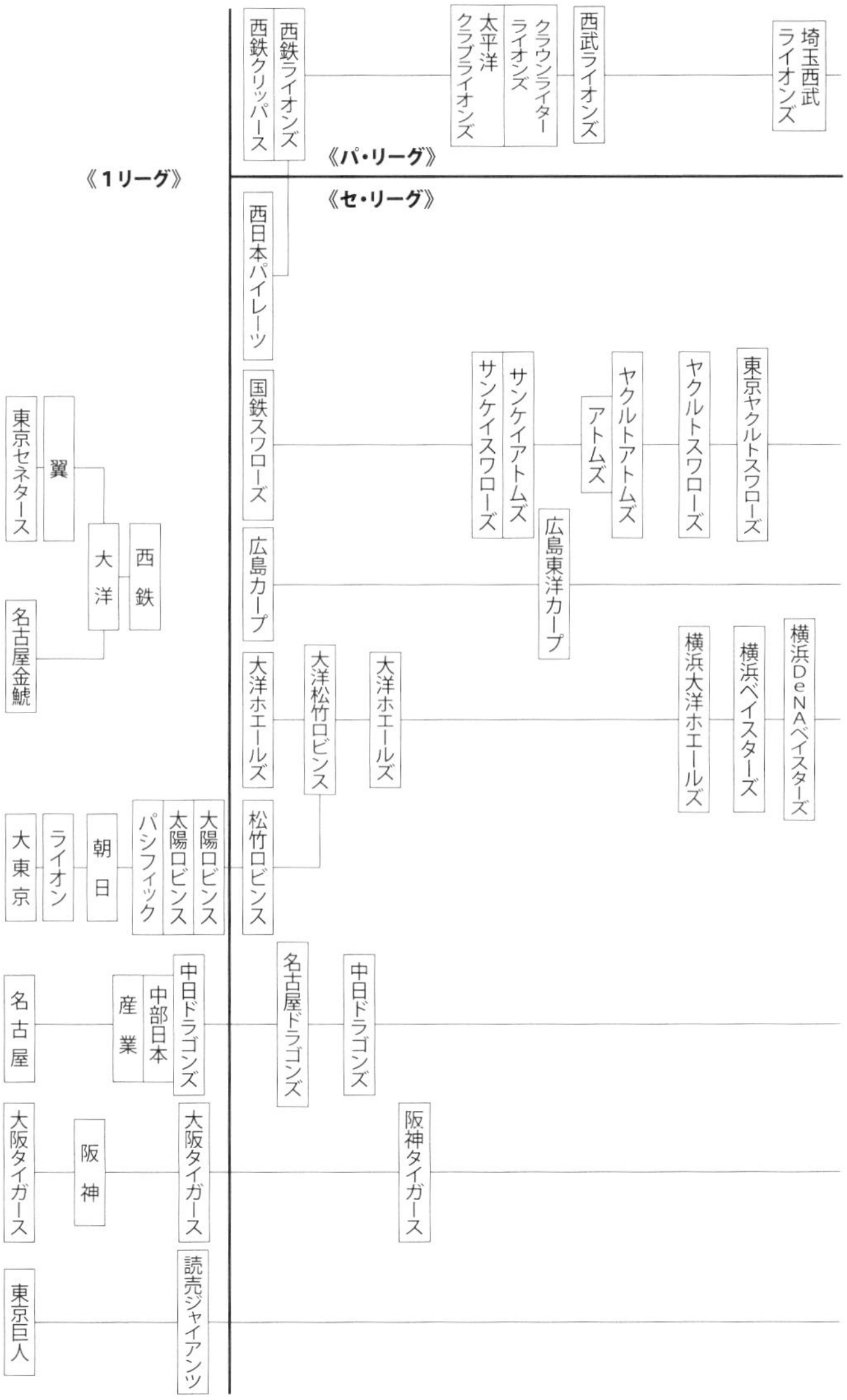

《1リーグ》
《パ・リーグ》
《セ・リーグ》
西鉄クリッパース
西鉄ライオンズ
太平洋クラブライオンズ
クラウンライターライオンズ
西武ライオンズ
埼玉西武ライオンズ
西日本パイレーツ
東京セネタース
翼
大洋
西鉄
名古屋金鯱
国鉄スワローズ
サンケイスワローズ
サンケイアトムズ
アトムズ
ヤクルトアトムズ
ヤクルトスワローズ
東京ヤクルトスワローズ
広島カープ
広島東洋カープ
大洋ホエールズ
大洋松竹ロビンス
大洋ホエールズ
横浜大洋ホエールズ
横浜ベイスターズ
横浜DeNAベイスターズ
大東京
ライオン
朝日
パシフィック
太陽ロビンス
大陽ロビンス
松竹ロビンス
名古屋
産業
中部日本
中日ドラゴンズ
名古屋ドラゴンズ
中日ドラゴンズ
大阪タイガース
阪神
大阪タイガース
阪神タイガース
東京巨人
読売ジャイアンツ

みやぎのプロ野球人名簿

〈出身高校〉

［**仙台一**］

吉江英四郎（早大→仙台広瀬クラブ→急映→東急→巨人）投手

［**仙台二**］

江尻慎太郎（早大→日本ハム→横浜→ソフトバンク）投手

［**宮城農**］

小野寺克男（電電東北→東映）投手→捕手

［**宮城工**］

斎藤　忠二（日東紡→朝日）捕手、投手

佐藤　誠一（専売東北→日本ハム職員→日本ハム）投手

［**泉館山**］

佐々木重樹（ヤクルト→ダイエー）投手

［**名取北**］

岸　　孝之（東北学院大→西武）投手

［**仙　台**］

太田　敦士（オリックス）投手

丹野　祐樹（ヤクルト）投手

［**仙台工**］

小野木　孝（国鉄）投手

鈴木　五朗（西鉄）一塁手

櫻井　幸博（日本ハム）投手

［**仙台商**］

八重樫幸雄（ヤクルト）捕手→一塁手

荻原　　満（東海大→巨人）投手

加藤　高康（東海大→NTT東北→ロッテ→米国・マイナー）投手

［**塩　釜**］

若生　和也（仙台鉄道管理局→岩崎電気→立正佼成会→中日→ロッテ）投手

太田　敏之（仙台鉄道管理局→阪急）投手

［**白　石**］

佐藤　孝夫（仙台鉄道管理局→国鉄）遊撃手→外野手

佐藤　公男（仙台鉄道管理局→洋松）投手
大沼　　清（国鉄）投手
斎藤　良雄（国鉄）投手→外野手

［**大河原商**］
大宮　健資（阪急）外野手
高橋　英二（仙台鉄道管理局→巨人）外野手

［**柴　田**］
小坂　　誠（JR東日本東北→ロッテ→巨人→東北楽天）遊撃手

［**宮城水産**］
星沢　　純（日和倶楽部→阪神）投手
阿部　良男（オール常磐→西鉄→太平洋→阪神）外野手

［**古　川**］
鈴木　　徹（大洋→セ・リーグ審判員）投手、内野手

［**南郷農**］
佐藤　文彦（日和倶楽部→ロッテ）投手

［**築　館**］
赤坂　光昭（ヤクルト）外野手

［**佐　沼**］
長野　　哲（熊谷組→大洋）投手
佐々木信行（ロッテ）捕手

［**気仙沼**］
島田源太郎（大洋）投手
小山　　正（大洋）捕手
三浦　正規（大京観光→近鉄）一塁手

［**東　北**］
村田　信一（横浜専〈現・神奈川大〉→金鯱）捕手
若生　忠男（西鉄→巨人）投手
若生　智男（毎日→大毎→阪神→広島）投手
若生　照元（中大→大洋）投手
佐藤　寛二（毎日）捕手
佐藤　好夫（西鉄）外野手→投手
小川　康雄（西鉄）外野手

菊地　秀之（西鉄）内野手
佐藤　三男（大毎）内野手
波山　次郎（大洋）投手、外野手
鈴木　征夫（西鉄）外野手
黒川　豊久（西鉄）三塁手→二塁手
嶺岸　征男（大毎）投手
伊藤　　勲（大洋→南海）捕手
及川　宣士（大洋→太平洋）投手
村上　宏通（阪急）投手
日下　正勝（大洋）外野手
遠藤　浩司（阪急）投手
千葉　　剛（日鉱日立→広島）投手
樋沢　良信（電電東北→巨人）内野手→外野手
佐藤　政夫（電電東北→巨人→ロッテ→中日→大洋→ロッテ）投手
立野　清広（ロッテ）投手
鈴木　孝幸（電電東北→東北クラブ→西武→日本ハム）投手
及川美喜男（東芝→広島→日本ハム）外野手
中条　善伸（巨人→南海→ダイエー→大洋）投手
佐藤　　洋（電電東北→巨人）三塁手
安部　　理（西武→近鉄）外野手
金子　誠一（法大→本田技研和光→阪神）外野手
白鳥　浩徳（住友金属鹿島→西武）投手
中根　　仁（法大→近鉄→横浜）外野手
葛西　　稔（法大→阪神）投手
佐々木主浩（東北福祉大→大洋→横浜→米大リーグ・マリナーズ→横浜）投手
斎藤　　隆（東北福祉大→大洋→横浜→米大リーグ・ドジャース→レッドソックス→ブレーブス→ブルワーズ→ダイヤモンドバックス→東北楽天）投手
加藤　将斗（大洋→横浜）投手
羽根川　竜（巨人→ロッテ）投手
嶋　　重宣（広島→西武）投手→一塁手→外野手

後藤　伸也（横浜）投手
加藤　暁彦（ダイエー）遊撃手
渡辺　雅弘（横浜）捕手
高井　雄平（ヤクルト）投手→外野手
佐藤　弘祐（巨人）捕手
ダルビッシュ有（日本ハム→米大リーグ・レンジャーズ）投手
加藤　政義（九州国際大→日本ハム）内野手

［**仙台育英**］

山本　多聞（南海）外野手
大島　敏夫（南海）投手
佐藤　博廸（南海）内野手
倉橋　　寛（南海→阪神→中日→大洋）投手
石崎　一夫（大洋）内野手
加藤　俊夫（日本軽金属→産経→アトムズ→ヤクルト→東映→日拓→日本ハム→大洋）捕手
渡辺　　勉（阪急）遊撃手→三塁手
関東　孝夫（日通浦和→中日）二塁手
高橋　正巳（仙台鉄道管理局→日本ハム→大洋）投手
長島　哲郎（東北福祉大→ロッテ）投手
大久保美智男（広島）投手
大越　　基（早大中退→米1Aサリナス→ダイエー）投手→外野手
高橋　顕法（広島→阪神）投手
鈴木　郁洋（東北福祉大→中日→近鉄→オリックス）捕手
金村　　暁（日本ハム→阪神）投手
天野　勇剛（ロッテ）投手→内野手
中浜　裕之（近鉄→巨人）外野手
新沼　慎二（横浜）捕手
志田　宗大（青山学院大→ヤクルト）外野手
真山　　龍（西武）投手
星　　孝典（東北学院大→巨人→西武）捕手
矢貫　俊之（常磐大→三菱ふそう川崎→日本ハム）投手
菊池　俊夫（オリックス）内野手

中谷　　翼（立命館大中退→四国リーグ・愛媛→広島）内野手
中根　佑二（東北福祉大→ヤクルト）投手
佐藤　由規（ヤクルト）投手
橋本　　到（巨人）外野手
木村　謙吾（東北楽天）投手
佐藤　貴規（ヤクルト）外野手

［**栴檀福祉**］
渡辺　一夫（阪急）投手

［**東　陵**］
井上　　純（大洋→横浜→ロッテ）外野手

〈出身大学〉

［**東北学院**］
仁部　　智（本荘高出・TDK→広島）投手
星　　孝典（再）
岸　　孝之（再）

［**東北福祉**］
長島　哲郎（再）
上岡　良一（桜宮高出・日本ハム）投手
広政　秀之（大阪商出－東北福祉大中退・幸福相互銀行→近鉄）投手
大塚　光二（兵庫育英高出・西武）外野手
佐々木主浩（再）
金本　知憲（広陵高出・広島→阪神）外野手
小坂　勝仁（東海大仰星高出・ヤクルト→近鉄）投手
吉田　　太（大阪高出・中日）投手
矢野　輝弘（桜宮高出・中日→阪神）捕手
宮川　一彦（静清工高出・大洋→横浜）内野手
作山　和英（学法石川高出・ダイエー）投手
伊藤　博康（学法石川高出・巨人→ダイエー）外野手
浜名　千広（国士舘高出・ダイエー→ヤクルト→ロッテ）遊撃手
斎藤　　隆（再）

三野　勝大（丸亀商出・巨人→横浜）投手
関根　裕之（岩倉高出・日本ハム）投手
和田　一浩（県岐阜商出・神戸製鋼→西武→中日）捕手→外野手
門倉　　健（聖望学園高出・中日→近鉄→横浜→巨人→韓国プロ）投手
山田　貴志（東邦高出・中日）投手
小野　公誠（聖望学園高出・ヤクルト）捕手
村上　鉄也（能代高出・ダイエー）投手
山岡　洋之（伊丹北高出・阪神）投手
鈴木　郁洋（再）
柴田　博之（栗東高出・西武）外野手
松　　修康（宇都宮学園高出・ダイエー）投手
奈良　将史（滝川二高出・近鉄）投手
吉見　祐治（星林高出・横浜→ロッテ）投手
歌藤　達夫（奈良大付高出・ヤマハ→オリックス→日本ハム→巨人）投手
洗平　竜也（光星学院高出・中日）投手
石原　慶幸（県岐阜商出・広島）捕手
熊谷　　陵（芝浦工大高出・米ボストンレッドソックス2A、1A－JT）投手
大須賀　允（前橋工出・巨人→広島）内野手
橋本健太郎（久御山高出・日本新薬→阪神→ロッテ）投手
木谷　寿巳（近江高出・王子製紙→東北楽天）投手
中村　公治（滝川二高出・中日）外野手
岸田　　護（履正社高出・NTT西日本→オリックス）投手
塩川　達也（神戸国際大付高出・東北楽天）内野手
根元　俊一（花咲徳栄高出・ロッテ）内野手
福田　聡志（伊都高出・巨人）投手
松崎　伸吾（光星学院高出・東北楽天→阪神）投手
井野　　卓（前橋工出・東北楽天→巨人）捕手
阿部　俊人（花咲徳栄高出・東北楽天）内野手
中根　佑二（再）

[**石巻専修**]

高橋　敏郎（新庄東高出・ヤクルト）捕手

〈出身企業〉

[**仙台鉄道管理局〈JR東日本東北〉**]

煤孫　　伝（盛岡商→日大→仙台鉄道管理局→大東京→ライオン）外野手

三上　良夫（青森商→仙台鉄道管理局→金鯱）外野手

小田野　柏（岩手・福岡中→青森営林局→仙台鉄道管理局→阪急→毎日→西鉄→近鉄→高橋）投手→外野手

※毎日入団前は華北交通→豊岡物産→常磐炭鉱。

成田友三郎（青森中→専大中退→仙台鉄道管理局→青森林友→巨人）投手

白坂　長栄（岩手・福岡中→仙台鉄道管理局→華中交通→盛岡鉄道管理局→阪神）投手→遊撃手→二塁手

佐藤　孝夫（再）

佐藤　公男（再）

山本　格也（平商→仙台鉄道管理局→毎日→大毎）捕手

若生　和也（再）

高橋　英二（再）

高橋　正巳（再）

太田　敏之（再）

小坂　　誠（再）

摂津　　正（秋田経法大付高→JR東日本東北→ソフトバンク）投手

平野　将光（浦和実高→平成国際大→JR東日本東北→西武）投手

森内　寿春（八戸工大一高→青森大→JR東日本東北→日本ハム）投手

[**電電東北〈NTT東北〉**]

小野寺克男（再）

佐々木幸男（金足農高→電電東北→阪急）投手

樋沢　良信（再）

佐藤　政夫（再）
鈴木　孝幸（再）
佐藤　　洋（再）
加藤　高康（再）
竹内　昌也（本荘高→NTT東北→阪神→日本ハム）投手
進藤　　実（鴻巣高→常磐大→NTT東北→巨人）投手

［**専売東北〈JT〉**］

佐藤　誠一（再）
古溝　克之（福島商高→専売東北→阪急→オリックス→阪神→日本ハム）投手

［**七十七銀行**］

小林　　敦（東海大相模高→東海大→七十七銀行→ロッテ）投手

［**日本製紙石巻**］

久古健太郎（国士舘高→青山学院大→日産自動車→日本製紙石巻→ヤクルト）投手
比屋根　渉（沖縄尚学高→城西大→日本製紙石巻→ヤクルト）外野手
太田　裕哉（一関学院高→日産自動車→日本製紙石巻→ヤクルト）投手

〈宮城県出身者〉

熊耳　武彦（宮城県／台北工→コロムビア→セネタース→東急→急映）捕手→外野手
立川　隆史（塩釜三中→志学館中→拓大紅陵高→ロッテ）外野手
小山　桂司（仙台市八木山中→秋田経法大付高→秋田経法大中退→シダックス→日本ハム→中日→東北楽天）捕手

みやぎの全国高校野球選手権大会出場校一覧

第9回	(1923年)	仙台一中	(2回戦)
第11回	(25年)	仙台二中	(1回戦)
第16回	(30年)	東北中	(準々決)
第26回	(40年)	仙台一中	(2回戦)
第29回	(47年)	仙台二中	(準決勝)
第30回	(48年)	石巻	(1回戦)
第31回	(49年)	東北	(1回戦)
第32回	(50年)	仙台一	(1回戦)
第35回	(53年)	白石	(1回戦)
第38回	(56年)	仙台二	(準々決)
第40回	(58年)	東北	(2回戦)
第41回	(59年)	東北	(準決勝)
第42回	(60年)	東北	(1回戦)
第43回	(61年)	東北	(2回戦)
第44回	(62年)	気仙沼	(1回戦)
第45回	(63年)	仙台育英	(2回戦)
第46回	(64年)	仙台育英	(1回戦)
第49回	(67年)	仙台商	(2回戦)
第50回	(68年)	東北	(1回戦)
第51回	(69年)	仙台商	(準々決)
第54回	(72年)	東北	(2回戦)
第55回	(73年)	仙台育英	(2回戦)
第57回	(75年)	仙台育英	(1回戦)
第58回	(76年)	東北	(準々決)
第59回	(77年)	仙台育英	(1回戦)
第60回	(78年)	仙台育英	(3回戦)
第61回	(79年)	東北	(1回戦)
第62回	(80年)	東北	(3回戦)
第63回	(81年)	仙台育英	(1回戦)
第64回	(82年)	東北	(1回戦)
第65回	(83年)	仙台商	(3回戦)
第66回	(84年)	東北	(3回戦)
第67回	(85年)	東北	(準々決)
第68回	(86年)	仙台育英	(2回戦)
第69回	(87年)	東北	(2回戦)
第70回	(88年)	東陵	(1回戦)
第71回	(89年)	仙台育英	(決勝)
第72回	(90年)	仙台育英	(3回戦)
第73回	(91年)	東北	(1回戦)
第74回	(92年)	仙台育英	(1回戦)
第75回	(93年)	東北	(1回戦)
第76回	(94年)	仙台育英	(準々決)
第77回	(95年)	仙台育英	(1回戦)
第78回	(96年)	仙台育英	(3回戦)
第79回	(97年)	仙台育英	(2回戦)
第80回	(98年)	仙台	(1回戦)
第81回	(99年)	仙台育英	(2回戦)
第82回	(2000年)	仙台育英	(2回戦)
第83回	(01年)	仙台育英	(1回戦)
第84回	(02年)	仙台西	(1回戦)
第85回	(03年)	東北	(決勝)
第86回	(04年)	東北	(3回戦)
第87回	(05年)	東北	(準々決)
第88回	(06年)	仙台育英	(2回戦)
第89回	(07年)	仙台育英	(2回戦)
第90回	(08年)	仙台育英	(3回戦)
第91回	(09年)	東北	(3回戦)
第92回	(10年)	仙台育英	(3回戦)
第93回	(11年)	古川工	(1回戦)
第94回	(12年)	仙台育英	(3回戦)

みやぎの選抜高校野球大会出場校一覧

第29回	(1957年)	東　北	(2回戦)
第39回	(67年)	仙台商	(1回戦)
第40回	(68年)	仙台育英	(2回戦)
第42回	(70年)	東　北	(1回戦)
第44回	(72年)	東　北	(準決勝)
第47回	(75年)	仙台育英	(2回戦)
第49回	(77年)	東　北	(2回戦)
第50回	(78年)	東　北	(準々決)
第51回	(79年)	東　北	(1回戦)
第52回	(80年)	東　北	(準々決)
第54回	(82年)	東　北	(1回戦)
第55回	(83年)	東　北	(2回戦)
第57回	(85年)	東　北	(準々決)
第61回	(89年)	仙台育英	(準々決)
第62回	(90年)	東　北	(2回戦)
第63回	(91年)	仙台育英	(1回戦)
第64回	(92年)	仙台育英	(2回戦)
第65回	(93年)	東　北	(3回戦)
第66回	(94年)	東　北	(1回戦)
第67回	(95年)	仙台育英	(1回戦)
第70回	(98年)	仙台育英	(1回戦)
第71回	(99年)	東　北	(1回戦)
第73回	(2001年)	東　北	(2回戦)
		仙台育英	(決　勝)
第75回	(03年)	東　北	(3回戦)
第76回	(04年)	東　北	(準々決)
第77回	(05年)	一迫商	(2回戦)
第79回	(07年)	仙台育英	(1回戦)
第80回	(08年)	東　北	(1回戦)
第81回	(09年)	利　府	(準決勝)
第83回	(11年)	東　北	(1回戦)
第84回	(12年)	石巻工	(1回戦)

【参考文献一覧】

・日本の野球発達史（河北新報社）
・仙台一中、一高野球部百年史（仙台一中、一高硬式野球部ＯＢ広瀬会）
・仙台一高野球部80年史～一、二高定期戦史を中心として（門沢重男）
・宮城県仙台二中・二高野球部史（仙台二高野球部ＯＢ青葉倶楽部）
・東北高等学校硬式野球部１００年史（東北高等学校野球部ＯＢ会）
・仙商野球部80年史（仙台商業高等学校野球部ＯＢ会）
・香久留ケ原　白球を追って　宮城県気仙沼高等学校硬式野球部ＯＢ50周年記念（宮城県気仙沼高等学校硬式野球部ＯＢ会）
・石巻高校野球部五十年史　柏球の足跡（宮城県石巻高等学校野球部ＯＢ会柏球会）
・白高百年史（宮城県白石高百年史編纂委員会）
・仙商七十七年史、仙商九十年史～七十七年その後百年への礎に（仙台商業高等学校）
・仙台育英学園高等学校　栄光の足跡（仙台育英学園高等学校硬式野球部ＯＢ会　創部80周年記念誌）
・汗と土と涙と　宮城県高野連40年史（宮城県高等学校野球連盟）
・全国高校野球選手権大会50年史、51～60回大会史、第71～80回、第81～90回（朝日新聞社、日本高校野球連盟）
・ＲＩＦＵ―心はひとつ―甲子園初出場ベスト４（利府高校甲子園出場実行委員会）
・みやぎの群像（河北新報社）

・石巻圏　20世紀の群像（三陸河北新報社）
・仙台六大学野球連盟40年史（仙台六大学野球連盟）
・東京六大学野球史（荒井太郎著、ソニー・マガジンズ）
・21世紀の飛翔　宮城県社会人野球史（宮城県野球協会）
・北の野球物語（白野仁著、北海道新聞社）
・野球事始　仙台物語（高野眞五人著、無明舎出版）
・青春のうた　石巻高校、同　仙台商業（毎日新聞仙台支局）
・プロ野球人国記　北海道・東北編（ベースボール・マガジン社）
・プロ野球人名事典２００１（森岡浩編著、日外アソシエーツ）
・プロ野球スカウティングレポート２０１１（広済堂出版）
・プロ野球手帳（共同通信社編、三井広報委員会）
・日本プロ野球記録大百科１９３６—１９９７（日本野球機構、ＩＢＭ ＢＩＳ）
・シリーズ　にっぽんの高校野球　東北編（ベースボール・マガジン社）
・プロ野球カラー名鑑２０１２（ベースボール・マガジン社）
・プロ野球ドラフト全史２０１２（ベースボール・マガジン社）
・佐々木主浩　魔球フォークボール＝名手に学ぶプロフェッショナル野球論（佐々木主浩著、ベースボール・マガジン社）
・大魔神伝（佐々木主浩著、集英社）
・斎藤隆　ジンクスを物ともせず（月刊スラッガー２００７年12月号、日本スポーツ企画出版社）

・ＭＬＢ投手白書アラカルト（月刊スラッガー２０１１年２月号、日本スポーツ企画出版社）
・プロ野球70年史〈歴史編〉（ベースボール・マガジン社）

【新聞・放送】

河北新報、朝日新聞、毎日新聞、読売新聞、山形新聞、石巻かほく、気仙沼かほく・リアスの風、東北放送ラジオ、ＮＨＫテレビ、スポーツニッポン、日刊スポーツ

【や行】

【わ行】

【は行】

【ま行】

【た行】

【な行】

【さ行】

【か行】

人名索引(50音順)

高橋　義夫（たかはし・よしお）
- 1947年仙台市生まれ。
- 70年早稲田大学法学部卒。河北新報社に入社し、編集局報道部、一関支局長、編集局整理本部部長、青森総局長、編集局次長、三陸河北新報社出向を経て河北新報社システム局長。定年後、東北地方更生保護委員会委員。
- 仙台一高在学中、硬式野球部に所属し投手。2006－11年に仙台一中・一高硬式野球部ＯＢ広瀬会会長を務める。

五十嵐直治（いがらし・なおじ）
- 1941年仙台市生まれ。
- 66年東北学院大経済学部２部卒。河北新報社に入社し、泉支局長、編集局報道部副部長、同審査部副部長、編集局副長を歴任。報道部時代の89－98年はスポーツ担当の記者、キャップ、デスクとして「宮城インタハイ」「長野冬季五輪」などの取材、指揮に当たり、2001年の「みやぎ国体」では報道推進本部事務局長を務める。
- 定年後は、フリーライターとして中央紙地方版や東北経済倶楽部などの原稿を執筆。

白球 夢を追う
みやぎ・野球人の軌跡

発　行	2012年10月29日　第1刷
	2013年 3 月15日　第2刷
著　者	高橋　義夫、五十嵐直治
発行者	釜萢　正幸
発行所	河北新報出版センター
	〒980-0022
	仙台市青葉区五橋一丁目2-28
	河北新報総合サービス内
	TEL　022(214)3811
	FAX　022(227)7666
	http://www.kahoku-ss.co.jp
印刷所	山口北州印刷株式会社

定価は表紙に表示してあります。
乱丁、落丁本はお取り替えいたします。

ISBN　978-4-87341-283-2